山西省高等学校科技创新项目（2020L0250）
“基于双边市场理论互联网金融平台的运行机制研究”

双边平台拓展用户基础的策略研究

张苏 著

WUHAN UNIVERSITY PRESS
武汉大学出版社

图书在版编目(CIP)数据

双边平台拓展用户基础的策略研究/张苏著．—武汉：武汉大学出版社，2021.6

ISBN 978-7-307-21797-3

Ⅰ.双…　Ⅱ.张…　Ⅲ.网络公司—网络营销—营销战略—研究　Ⅳ.①F276.6　②F713.365.2

中国版本图书馆 CIP 数据核字(2020)第 179182 号

责任编辑:陈　红　　责任校对:李孟潇　　版式设计:马　佳

出版发行：**武汉大学出版社**　(430072　武昌　珞珈山)

(电子邮箱：cbs22@ whu.edu.cn　网址：www.wdp. com.cn)

印刷：武汉邮科印务有限公司

开本:720×1000　1/16　印张:11　字数:153 千字　插页:1

版次:2021 年 6 月第 1 版　2021 年 6 月第 1 次印刷

ISBN 978-7-307-21797-3　定价:39. 00 元

序　言

随着信息技术和互联网技术的发展，现实经济生活中广泛存在着这样一类平台企业，它们向两边用户提供产品或服务，并促使两边用户在平台上实现交易，这样的平台称为“双边平台”，形成的市场称为“双边市场”。该市场形态在现实生活中普遍存在，如运营搜索引擎的Google、发展网络购物的淘宝网、开展人际交往的Facebook、运营电子支付的支付宝以及与人们生活息息相关的移动通信、媒体平台等新经济产业，双边市场已在现代经济系统中占据重要地位。通过对双边市场理论进行细致的研究，可以进一步完善与丰富产业组织理论，并为双边平台企业制定恰当的商业发展策略提供理论参考。因而，对其进行研究具有重要的理论意义和现实指导价值。

目前，国内外有关双边市场的文献对双边平台的定价方式、竞争策略以及具体平台产业的定价问题已经做了相当的研究。在双边市场中，由于平台两边用户间存在交叉网络外部性，某一边的用户数量较多，就会使另一边用户的数量增加。因而，平台若想获得显著的网络效应，拓展用户基础是双边平台需要解决的重要问题。而随着双边或多边平台产业的发展，同类平台的用户网络常会出现交叉、重叠，平台之间便形成了直接争夺用户的竞争。虽然采取一定的价格策略，如对两边用户进行适当的价格补贴，是平衡两边用户基础的有效策略，但价格竞争，不仅不利于整个行业的有序发展，而且由于平台服务层次的不断提高，成本逐渐增加，实施低价策略可能会加大平台的运营风险。因此，本书讨论双边平台拓展用户基础不同于价格策略的方面。由于需求方规模经济的存在，产业间的平台企业不再局限于价格竞争，而是采取通过扩大平台服务范围的策略如互联互通、兼并以及捆绑销售来拓展用户，即不仅服务本平台的用户而且服务竞争平台的用户，使得平台扩大了对所服务用户的覆盖面，以增加平台的影响力，提升平台的知名度，从而能够吸引更多的用户加入平台进行交易，提高自身竞争优势并拓展市场。那么，这些扩大平台服务范围的策略必然能提高平台的收益吗？这将会给用户、厂商、平台企业乃至社会带来什么影响？目前对这方面的相关研究较少且不够系统，仍需进一步深入地探索和分析。本书运用博弈论、管理学及产业经济学等相关理论工具，针对双边平台采取的通过扩大平台服务范围来拓展用户基础的三种主要策略，即互联互通、兼并及捆绑销售，以扩大平台服务范围的大小为研究主线，依次对其展开深入的剖析。

首先，对双边市场中的相关重要概念进行了界定，细致阐述了双边市场与传统单边市场的差别，然后对双边市场的基本理论内容进行了系统的梳理，分析总结了目前国内外关于双边市场理论的研究现状，并指出现有研究中存在的不足。在此基础上，提出了本书所需要解决的主要问题和研究框架。

其次，针对本书所要研究的主要问题，即双边平台拓展用户基础所采取的三种主要策略，并以扩大平台服务范围的大小为研究主线，分别对其进行具体分析。在双寡头平台竞争且技术水平存在差异的情形下，考察技术创新对双边平台互联互通的影响，研究发现，高技术平台对两边用户的定价高于低技术平台，且获得较高的平台利润。关于两平台互联，当平台间的技术水平存在显著差异时，两平台利润较无互联时均增加，因而平台间有互联互通的动机。当低技术平台进行技术创新时，增加了其两边的用户规模和平台利润，而高技术平台的用户规模和利润减少，逐渐减弱了平台间互联互通的激励。技术水平比较相近的竞争平台间是不太可能进行互联的，但可容纳新平台进入市场。

接着，构建了一个博弈模型，分析双边平台分别在纵向兼并和横向兼并下的定价机制问题，并对不同情形下所得的均衡解进行了比较分析。结果表明，横向兼并下互补品提供商对消费者的定价最高，纵向兼并下最低。而平台对消费者的接入定价与网络外部性的强度有关。纵向兼并下平台利润最高，从而两平台具有纵向兼并的动机。

然后，对双边平台拓展用户基础所采取的另一策略——捆绑销售进行研究，在用户部分多归属的条件下，讨论双边平台采取捆绑销售策略对平台定价及社会福利的影响，研究发现，平台采取捆绑销售策略对买方实施隐性的价格补贴，可以提高平台两边的用户规模和平台利润，当隐性补贴较小时，混合捆绑较纯捆绑更增加了平台利润，而纯捆绑较混合捆绑更有利于提高整个社会福利且具有排他作用。

最后，将上述一般性理论研究应用到具体的平台运营实践——电子商务网络购物平台，在阐述了网络购物平台发展进程及分析其双边市场特征的基础上，利用所研究理论对该产业拓展用户基础的策略进行了分析，并考察这些策略对网络购物平台企业之间的竞争会带来怎样的影响，以验证之前几章所得出的理论结论。

目　录

第一章 绪 论

1.1 问题的提出

随着全球经济一体化的不断深入，网络技术的高速发展以及服务技术的进步，以经济全球化为动力的新经济蓬勃崛起。互联网打破了传统企业经营的时空界限，涌现出大量新型的企业类型，这些新经济产业正在深入地改变着各个国家的经济运营模式和人们的生产生活方式，给传统经营模式的企业带来了严峻的考验。比如，对于传统的出版业，近年来出现的在线阅读平台，彻底打破了传统出版业单向、直线的产业价值链，使得数以万计的作者可以将自己的作品随时发表在网上，同时读者能够通过网络立即阅读到自己感兴趣的文章。在线阅读平台无论是作品内容、种类还是价格等方面都显著优于传统出版业，满足了广大读者的多样化需求，吸引了大量读者蜂拥而至，对存在于人类社会数百年的传统出版业造成了巨大影响，并加速了出版业的产业变革，其意义深远。

值得关注的是，现代生活中有很多这样的新型产业(见表1.1)，比如操作系统平台、搜索引擎、电子商务平台、媒体平台以及移动通信等，都存在两个或多个用户群体对该类型企业的需求。它们是一种平台型企业，通常连接两边或多边用户，并向其提供产品或服务，促使两边用户在平台上达成交易进而获取利润。其中，市场两边用户之间具有显

表 1.1　　**双边(多边)市场应用实例**

产业	案例	两边用户	
电信	中国移动 中国联通 中国电信	消费者	内容提供商, 服务提供商
购物平台	淘宝 京东	消费者	商家
媒体平台	优酷 爱奇艺	观众	内容提供商, 广告商
银行卡平台	中国银联 VISA	持卡人	商家
操作系统和 应用软件平台	Microsoft 苹果 安卓	消费者	应用软件开发商
搜索引擎	谷歌 百度	信息搜寻者	信息提供商, 广告商
招聘网站	中华英才网 前程无忧	应聘者	招聘单位

著的交叉网络外部性，即平台一边用户的数量会影响另一边用户加入该平台的动机，这样的平台我们称为双边平台企业[1-4]，连接用户形成的市场称为“双边市场”。得益于信息网络的普及与发展，近些年来，越来越多的平台型企业快速崛起并迅猛发展，包括微软、Google 以及 Facebook 等国际知名公司。在中国，有阿里巴巴、中国银联、百度以及证券交易所等，市场逐渐被这些平台型企业所主导，成为经济发展的重要动力[5-10]。这种新型的平台商业模式彻底改变了传统企业上下游的产业链结构，其不受人力、资金等在地理空间上的制约，实现了多样化的市场经济，使贸易活动能够跨区域甚至跨国界进行。这种创新型的商业模式也迫使部分传统企业在生产经营模式上进行变革，以推动服务经济

的发展。

双边平台为实现两边用户的需求搭起了桥梁，由于其商业运营模式与传统单边市场迥然不同，因此出现了一些不同的经济现象。比如，各类大型购物中心、家乐福等大型超市，将各种商品的供应商与消费者连接起来，通过向商品供应商收取一定的通道费来获取利润[11]，而对消费者免费甚至提供补贴；在视频游戏市场，大多数游戏控制平台通过向游戏开发商收取适当的版税来实现盈利，而对玩家收取低于边际成本的费用[12]。在传统单边市场中，通常左边是成本，右边是收益。而在双边市场中，通过上面的例子可以发现，成本和收益同时来自平台两边的用户，且价格结构与成本相偏离。平台厂商对市场一边用户的定价并不反映该用户所接受的产品或服务的成本或需求，而是反映平台厂商向双边用户提供的产品或服务的成本或需求，这就是经济学中的“鸡生蛋与蛋生鸡”现象[13]。这些经济现象中隐藏的理论原理则需要深入分析与研究。由于双边平台两边用户之间存在较强的网络外部性，即在该平台的一边用户数量较多，就会使该平台上另一边用户数量增加。因此，双边平台企业与传统企业运营理念和运营模式不同的关键原因在于双边市场独特的交叉网络外部性特征，即能够利用两边用户之间的关系建立无限增值可能性的网络效应。平台企业对市场一边用户采取策略，不仅会对这边用户的市场绩效产生作用，而且会通过两边用户的交叉网络外部性，对市场另一边用户的效用产生影响。因此，双边平台企业在制定竞争策略的过程中，会综合考虑对两边用户市场的影响，这与传统单边市场中，企业通过促销或广告宣传等单方面吸引消费者的竞争策略是截然不同的[14]。因此，双边市场中平台企业对一边用户采取低价甚至低于边际成本的定价策略及其他策略行为不能用传统单边市场理论分析问题的模式来解释，需要探寻一套基于双边市场特征的合理的新经济理论，来解释和分析双边平台产业的市场行为，以利于该产业市场的健康发展。

双边市场理论的提出和发展与早期国外学者对银行卡市场的发展研

究是分不开的。Baxter(1983)[15]对信用卡交换费用的合理制定问题进行了分析，其中就有对双边市场的经济理论探讨。之后，通过对一系列影响重大的国际信用卡反垄断案例的争论与研究，于2004年在法国图卢兹召开的“双边市场经济学”学术研讨会真正确立了双边市场理论[16]。在这次会议上，一些代表性的论文被提出并陆续发表在权威期刊上。其中，产业组织理论研究学者Rochet和Tirole(2003a)、Armstrong(2004a)、Caillaud和Jullien(2003)等对双边市场理论的研究做出了奠基性的工作。Rochet和Tirole(2003a)以信用卡为研究背景，通过构建一般性的数量模型，分析了在不同市场结构下影响平台对两边用户制定均衡价格的主要因素。而Armstrong(2004a)根据双边平台两边用户之间的网络外部性，建立了Hotelling博弈模型，并分别考察了垄断和竞争平台情形下均衡定价结构的决定因素。Caillaud和Jullien(2003)分析了具有间接网络外部性的中介平台企业间的竞争，结果发现中介平台存在对市场一边用户进行价格补贴，而对另一边市场用户制定高价进而实现盈利的策略。

随着经济中双边市场形态越来越常见，双边市场在人们的日常生活中产生的重要影响也日益明显，吸引了更多国内外学者的广泛关注，近些年来兴起了对双边市场理论的研究热潮[17-24]，并已取得了不少有价值的研究成果。基于目前的相关文献，关于双边市场的研究方向主要分为以下几类：第一，对双边市场定义的判定分析；第二，对双边市场的定价问题和竞争策略的分析；第三，对具体双边平台企业运行机制的分析。还有的文献是对双边平台产业规制问题的分析。在以上的相关研究文献中，大多是基于Armstrong、Rochet及Tirole等人的基本理论模型和分析框架。随着双边市场理论的不断发展，近几年学者们对双边市场的研究开始从理论向实证方面延伸，从静态方面的研究逐渐向动态方面延伸，加强了与现实生活实践的联系。

通过上述分析可以发现，对双边市场理论的研究已成为近些年来学术界关注的热点问题，也取得了很多突出的研究成果，但是国内对于该理论的研究还处于起步阶段，所以将双边市场理论作为研究对象，仍具有较大的研究空间。我们知道在双边市场中，平台两边用户之间存在交叉网络外部性，某一边的数量较多，就会使另一边的数量增加。平台若想获得显著的网络效应，则用户基础的拓展是平台需解决的重要问题[25-28]。在传统单边市场中，降低价格、进行广告宣传等是企业吸引消费者的主要竞争策略。而除了这些传统的竞争策略外，网络产业的特征使平台企业的竞争策略相对较为复杂。双边市场中，虽然采取一定的价格策略，如对两边用户进行适当的价格补贴，是平衡平台两边用户基础的有效策略，但价格竞争，不仅不利于整个行业的有序发展，而且由于平台服务层次的不断提高，成本逐渐增加，实施低价会加大平台的运营风险。

因此，本书讨论拓展用户基础不同于价格策略的方面。由于需求规模经济的存在，产业间的平台不再局限于价格竞争策略，而是通过扩大平台服务范围的策略拓展用户，即不仅服务本平台的用户且服务竞争平台的用户，使得平台扩大了对所服务用户的覆盖面，以增加平台的影响力，提高平台的知名度，从而吸引更多的用户加入平台交易，这成为提高自身竞争优势的一种选择。那么，这些竞争策略必然能提高平台的收益吗？它们会对用户、平台企业乃至社会产生怎样的影响？目前，关于这方面的相关研究整体来看相对较少，且没有对其进行系统的研究。有鉴于此，本书将紧扣双边平台采取的扩大平台服务范围的三种主要策略，即互联互通、兼并及捆绑销售，以平台扩大服务用户范围的大小为研究主线，对其依次展开深入的探讨和分析。然后在一般框架下，具体到电子商务网络购物平台，通过利用之前所研究的理论内容以及实际案例进一步分析电子商务网络购物平台拓展用户基础的策略对平台竞争会带来怎样的影响。以上内容的研究，为双边市场理论的深入研究提出了一个新的研究课题，也为进一步理解双边市场中平台企业的竞争问题提供了一些理论指导依据。

1.2 研究目的和意义

1.2.1 研究目的

本书主要以双边平台采取的扩大平台服务范围的策略为研究对象，并以平台扩大服务范围的大小为研究主线，依次分析了双边平台在互联互通、兼并以及捆绑销售等策略下的定价机制问题及其对平台竞争和社会福利的影响，以期能够用来分析解释许多单边市场理论视角下难以解释的商业经济现象，也为现实生活中双边平台企业制定合理的竞争策略提供有效的理论指导依据。

1.2.2 研究意义

本书基于双边市场的角度研究双边平台企业拓展用户基础的策略问题，改变了许多传统单边市场理论分析所持有的观点，补充了现有双边市场相关文献研究的不足，具有重要的理论意义和现实意义。

(1) 理论意义

本研究深化了双边市场理论，丰富了产业组织理论的研究内容。双边市场的研究是产业组织理论领域的一个重要研究问题，并已取得了一定的研究成果，但是对于双边平台通过扩大平台服务范围来拓展用户基础的策略问题研究还相对较少。本书针对现实生活中双边平台拓展用户基础时采取价格策略以外的竞争策略的普遍现实问题，通过构建数量化模型研究双边平台拓展用户基础采取的三种主要策略的定价问题，有助于双边市场理论体系的完善，为提升双边市场理论的解释力和应用范围奠定了理论基础。

(2) 现实意义

本研究针对双边平台企业拓展用户基础时采取价格策略以外的竞争策略问题提供了解决的途径和方法，有助于为双边平台企业(如银行卡及电子商务平台等)的经营运作以及商业策略的制定提供理论参考和借鉴，指导平台企业的合理化运营，进而有效提高用户的效用和交易效率。同时为产业规制部门制定相关的政策规定提供理论依据和可靠支持，从而有助于保障我国双边平台产业整体和谐稳定的发展。

1.3　研究内容和研究方法

1.3.1　研究内容

本书从现实双边市场中的一些热点问题入手，根据双边市场的内在特征规律，以博弈论、产业组织理论及决策理论为研究分析工具，结合国内外现有相关文献的研究成果与进展，围绕理论研究和案例研究两个方面，探讨双边平台通过扩大平台服务范围来拓展用户基础的策略问题。研究的主要内容包括以下几个方面：

(1) 对双边市场的理论综述及对现有文献不足的分析

对双边市场中的相关重要概念进行了界定，细致阐述了其与传统单边市场的差别，然后对双边市场的现有理论研究进行了系统的梳理，并对目前国内外相关文献中有关双边平台采取扩大平台服务范围的策略拓展用户基础的研究现状进行了系统的分析与总结，指出了现有研究中存在的不足之处，最后在此基础上提出了本书所要研究的主要内容和研究框架。

(2) 双边平台的互联互通策略分析

首先，构建了双寡头竞争博弈模型，在平台竞争且技术水平有差异的情形下，分析技术创新对平台竞争和互联互通的影响。其次，分别对双边平台在无互联和互联两种情形下的市场均衡问题进行了讨论，并考察低技术平台进行技术创新对互联前后均衡价格、平台利润以及社会福利等市场均衡以及平台竞争的影响。最后，通过对比分析不同情形下的均衡结果，讨论技术创新对平台互联互通的影响。

(3) 双边平台的兼并策略分析

首先构建了双边平台纵向兼并和横向兼并的博弈模型，分析双边平台在不同兼并结构下的定价机制问题。其次，分别对双边平台在纵向以及横向兼并下的市场均衡问题进行了讨论，将所得均衡解与平台竞争无兼并下的均衡解进行了对比分析，并考察了网络外部性强度对市场均衡的影响。最后，对三种不同情形下的均衡解进行了比较分析，并得出结论。

(4) 双边平台的捆绑销售策略分析

首先，构建了一个静态博弈模型，其中，双边平台利用捆绑销售策略放松非负定价约束，对市场一边用户实施隐性价格补贴。其次，在竞争平台有差异且用户部分多归属的条件下，进一步分析双边平台分别采取混合捆绑策略和纯捆绑策略对均衡定价、平台利润以及社会福利的影响。最后，通过比较不同情形下的均衡解得出结论。

(5) 电子商务网络购物平台拓展用户基础的策略分析

为了验证之前所研究理论的正确性，围绕电子商务网络购物平台拓展用户基础的竞争策略进行分析。首先，在阐述了网络购物平台发展进程及现状的基础上，从双边市场理论的视角探讨了电子商务网络购物平台的双边市场特征及其与传统实体店的差异。其次，通过实践案例分析了网络购物平台拓展用户基础在不同策略下的市场表现。最后，通过分析得出结论，希望通过对电子商务网络购物平台的分析来丰富双边平台拓展用户基础策略的理论研究。

1.3.2 研究方法

本书在对双边市场理论文献进行研究的基础上运用产业组织理论、博弈论、网络经济学、计算机科学、管理学等相关理论工具对双边市场展开分析，通过数学建模方法对双边市场中平台企业采取扩大平台服务范围来拓展用户基础的策略问题进行分析，即对平台分别采取互联互通、兼并及捆绑销售策略下的市场均衡问题进行了深入研究，并通过案例研究的方法对理论研究进行分析和验证，具体用到的研究方法有：

(1) 文献研究法

任何研究都需要阅读大量的相关文献，对前人的成果进行系统的梳理，了解该领域的研究现状，并进行归纳整理和综合分析评论，这样才能全面、深入地掌握所研究课题的深度，才能在前人已有研究成果的基础上发现问题、提出问题，并进行创新。本书主要在第一、二章用到此方法，以提出本书的研究主题。此外，在第三、四、五章也使用了该方法。

(2) 数学建模法

这是现有双边市场理论相关研究文献中经常使用的方法，主要是对现实生活中的一些经济问题进行抽象化，在数学假设条件下，通过构建合理的数量化模型分析问题。本书主要在核心部分即第三、四、五章用到此方法，根据所建立模型对双边平台拓展用户基础的策略问题进行研究，得到一些有价值的结论，并根据这些结论探讨实际案例的应用。

(3)案例研究法

案例研究法是通过对现实生活中的商业现象进行分析，从中验证所研究理论模型以及所得结论在实践应用中的合理性和适用性。因此，本书在第六章运用了此方法，对书中所提出的理论模型进行实践应用和分析讨论，为本书所研究的策略问题提供了相应的现实依据，从而进一步完善本书的研究内容。

1.4　研究思路和技术路线

1.4.1　研究思路

通过对现实经济生活中出现的实际问题的观察与思考，以及对双边市场中相关文献的大量研读，将双边平台采取扩大平台服务范围来拓展用户基础的策略问题作为研究对象，并以扩大平台服务范围的大小为研究主线，基于双边市场理论，对所需解决的主要问题进行分析和研究。

首先，明确本研究所涉及的相关概念和基本理论，总结和评述已有的研究成果，进而确定本研究所需讨论的问题。

其次，基于双边市场理论，结合生活中的一些实际案例，分析和探讨双边平台通过扩大平台服务范围拓展用户基础所采取的几种主要策略，并考察了网络外部性参数、平台匹配率、技术创新等因素对平台竞争的影响。

最后，通过实际案例的讨论，对本书研究的理论内容进行了实践应用和分析验证，加强了理论研究在实践活动中的应用。

本书所讨论的理论问题和案例分析不可能做到面面俱到。因此本书紧扣双边平台采取的通过扩大平台服务范围拓展用户基础的几种主要策略即互联互通、兼并及捆绑销售策略，并沿着平台服务范围由小到大的研究主线，依次对其展开分析。现有理论文献的研究集中在双边市场的定价策略，本书将以此为基础。具体地，第三章论述从平台仅在本系统内为用户提供服务，到平台互联互通能够为另一平台上的用户提供服务，扩大了平台服务用户的范围，相当于获取了对方的用户资源，拓展了用户基础，并分析技术创新对平台间竞争及互联互通的影响。第四章论述平台在横向兼并策略下，使市场上两边用户均在兼并后的垄断平台上进行交易，相较互联互通，进一步扩大了平台服务用户的范围，实现了用户规模的拓展。本章研究两平台在横向兼并和纵向兼并结构下的定价机制问题并对不同情形下的均衡解进行了对比分析。第五章讨论了双边平台通过捆绑销售对一边用户进行补贴，其中混合捆绑策略扩大了平台服务一边用户的范围，还讨论了捆绑销售策略对平台利润及社会福利的影响。整个研究逻辑严密，结构清晰，这就是本书第三章到第五章的内容。

1.4.2 技术路线(见图 1.1)

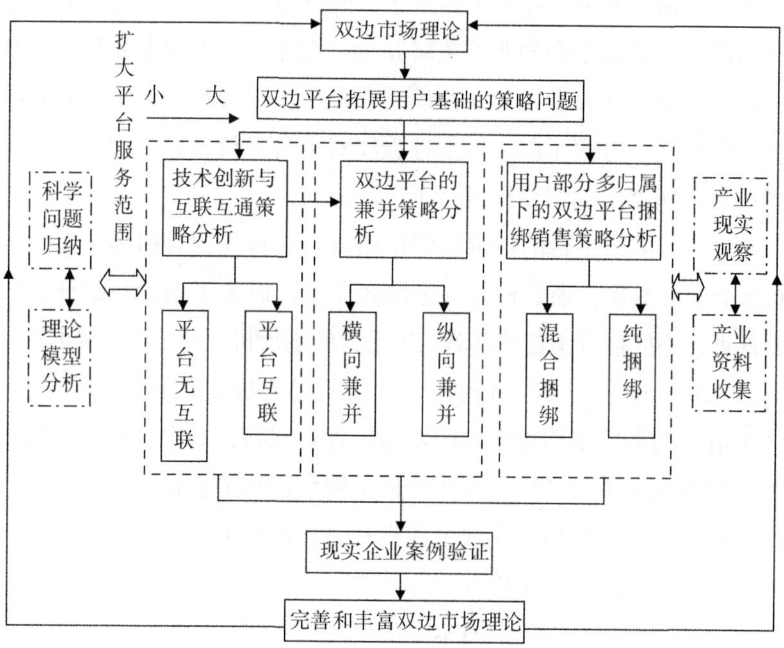

图 1.1 本书的技术路线图

1.4.3　研究框架

本书的研究过程主要分为研究背景介绍、文献综述、数学建模分析、案例分析和结论与展望五个步骤，全书结构上共七章。

第一章　绪论。给出了本书的研究背景和意义，明确了本书的研究对象，阐述了本书的研究内容、研究方法和技术路线，并提出了本书的创新点。

第二章　双边市场理论的研究现状。阐述了双边市场的概念、特征、分类及其与传统单边市场理论的区别，对近些年来有关双边市场的研究文献进行了综述，主要集中于平台定价、竞争策略及具体平台产业的定价问题等方面，并回顾了双边平台拓展用户基础策略的相关研究，指出了现有文献研究中存在的不足，界定了本书所研究的内容。

第三章　双边平台的互联互通策略分析。首先构建了双边平台互联前和互联后的静态博弈模型，其次对平台在互联前后所得的均衡解进行对比分析，最后研究了技术创新对平台间竞争和互联互通的影响。

第四章　双边平台的兼并策略分析。在梳理了不同兼并结构的基础上，构建了纵向兼并和横向兼并模型，分析了双边平台在不同兼并结构下的定价问题，考察了网络外部性强度对平台定价及利润的影响，并对不同情形下所得的均衡结果进行了比较分析。

第五章　双边平台的捆绑销售策略分析。首先，对捆绑销售的方式进行了分类，其次，通过构建静态博弈模型，讨论了在用户部分多归属的条件下，不同捆绑销售策略对双边平台的定价机制及社会福利的影响。

第六章　电子商务网络购物平台拓展用户基础的策略分析。首先，阐述了电子商务网络购物平台的发展历程与现状，其次，根据网络购物平台典型的双边市场特征，具体分析了网络购物平台拓展用户基础所采取的三种策略，从而用在实践中观察和分析得到的结论来验证本书上述分析中所得到的结论的正确性。

第七章　结论与展望。对本书的研究内容进行了概括与总结，并给出了研究结论。最后指出了本书的不足之处，并对未来的研究工作进行了展望。

本书的研究框架见图 1.2。

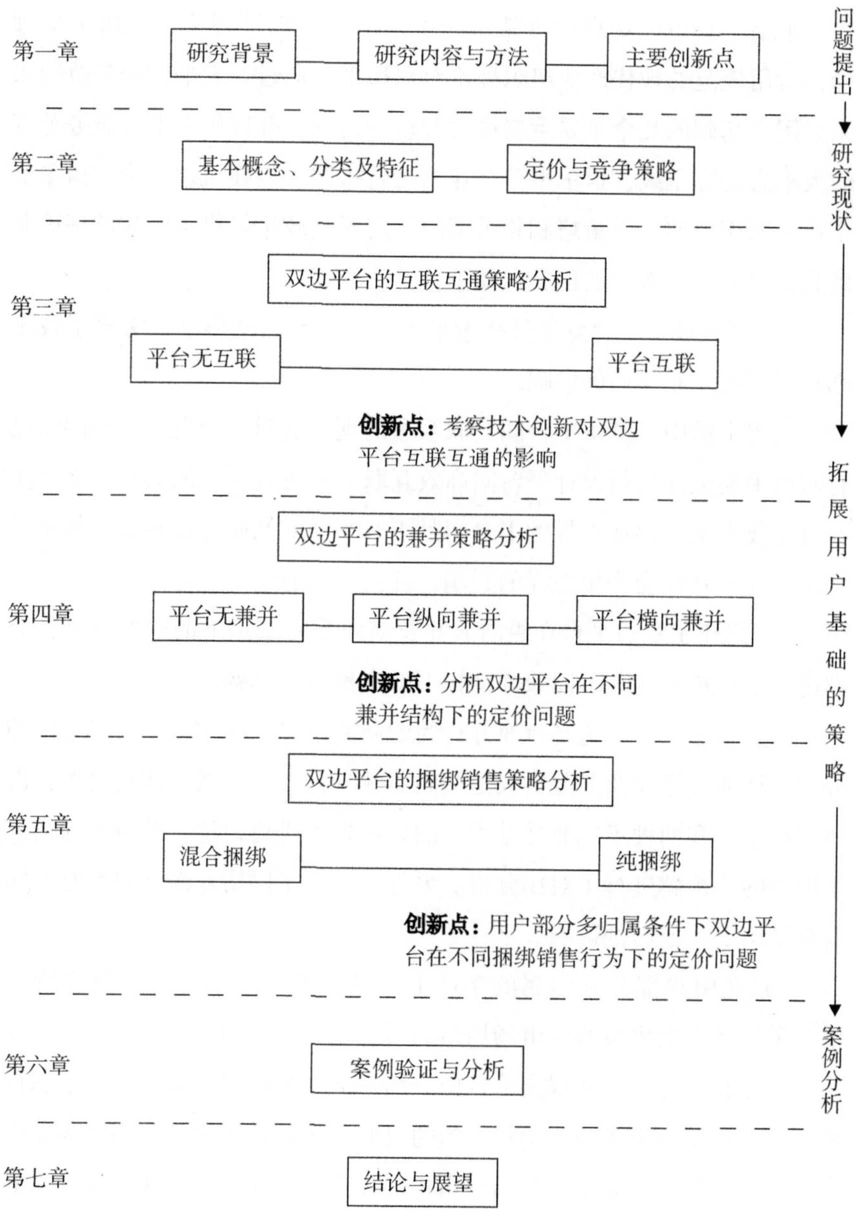

图 1.2 研究框架

1.5 主要创新点

本书在双边市场理论框架下，引入网络外部性理论、双边市场理论，运用规范的现代产业组织理论对双边平台通过扩大平台服务范围来拓展用户基础的几个主要策略进行分析和讨论，并以扩大平台服务范围的大小为研究主线，揭示平台企业的运行机制和内在机理，为双边平台企业采取相应的竞争策略和相关部门制定规制政策提供了坚实的理论基础和指导借鉴。本书的创新点如下：

(1)在双寡头平台竞争且技术水平存在差异的情形下，考察了技术创新对平台互联互通的影响。

现实生活中，竞争平台间互联互通的现象有时不会发生。不同于已有研究主要关注如何设计平台间高效互联或考虑接入费的问题，本书主要讨论技术水平存在差异的平台间是否有互联的激励，以及技术创新对平台间互联互通会产生怎样的影响，补充了已有研究。

(2)构建了双边平台在纵向兼并及横向兼并结构下的博弈模型，分别讨论了双边平台在不同兼并结构下的定价机制问题。

不同于已有对双边平台兼并行为的研究，更多地侧重于对单维度的分析，即或是纵向兼并分析或是横向兼并分析，本书通过构建模型首次对双边平台在两种不同兼并结构下的市场均衡进行讨论，并对不同情形下所得的均衡解进行了对比分析。另外，考察了网络外部性强度对不同兼并结构下均衡解的影响。

(3)在用户部分多归属的条件下，研究了双边平台受非负定价约束，采用捆绑销售策略对市场均衡的影响。

在互联网环境下的双边平台中，用户部分多归属已成为一种常态行为，已有对双边市场捆绑销售行为的研究大多假设用户是单归属或完全多归属的情形，而完全多归属是用户部分多归属的一种特殊情形。本书在用户部分多归属的条件下，分析了双边平台利用捆绑销售策略放松非负定价约束所产生的效应，进而讨论了双边平台分别采取纯捆绑和混合捆绑策略时对平台定价、用户规模及平台利润等市场均衡的影响，并对两种情形下的均衡解进行了比较分析。

第二章　双边市场理论研究现状

本章首先从基本概念、特征、分类以及双边市场与传统单边市场的区别等方面对国内外关于双边市场的研究进行了回顾和梳理。其次，阐述了双边市场的基本定价理论。再次，在此基础上，从单归属与多归属、差异化策略和技术创新策略，尤其是双边平台通过扩大平台服务范围拓展用户基础的策略等方面，回顾了现有文献对双边平台竞争策略进行研究的相关成果，为后续进一步对双边市场的深入研究提供理论基础。最后，对目前双边平台拓展用户基础策略方面的研究存在的不足展开简要评述，并指出本书所需要研究的主要内容。

2.1　双边市场基本理论概述

在社会发展进程中，市场存在发展的基本条件主要有两个：分工和交易，在社会分工产生后才有了市场。随着社会分工的不断深化，生产者的专业化水平提高，生产效率改进，市场交易关系也不断扩大和深化，便发生了生产者与交易者的剥离。分工的不断演进促进市场规模与产品市场需求的扩大，从而人们对交易的需要不断提高。20 世纪 90 年代开始，随着网络技术的发展，越来越多地出现了基于网络技术的交易形式，双边市场在这一过程中产生。与传统单边市场相比，双边市场在交易效率上显著提高，比如可以在京东商城购物、在百度上搜索以及利用支付宝缴费等，这种交易方式方便快捷，减短了交易所需的时间。交易效率的改进导致分工深化，可以说双边市场是现代经济高速发展下的必然产物，是经济发展程度的一个重要标志。因此，这种从传统的单边市场形态向双边甚至多边形态的演进是在信息技术不断进步、社会分工进一步细化的时代背景下逐步形成的。双边市场已深入人们的生活中，成为互联网时代一种全新的市场形态，是引领新经济时代的重要经济体(Roson, 2005)[29]。在美国、欧盟等西方国家和地区出现一系列国际银行卡组织反垄断案例后，学者们逐渐注意到双边市场，开始逐步从传统的单边市场理论转向对双边市场理论的研究。目前，该理论已经成为产业组织理论的一个研究热点。

2.1.1 双边市场概念界定与特征

2.1.1.1 双边市场的概念界定

对于双边市场的定义，目前学术界还没有确切的界定。Roehet 和 Tirole(2003)[1]最早尝试给出双边市场的定义。他们认为在平台上相互作用的两边用户之间具有网络外部性，市场中的平台所有者需要解决"鸡蛋相生问题"，即将两边用户拉到平台上进行交易，实现盈利。他们尽管没有对双边市场给出确切的定义，但提出了用户之间的交叉网络外部性是双边市场中平台企业进行经济行为的关键。

随着时间的推移，学者们从不同角度定义了双边市场。Wright(2004)[30]从平台结构的角度指出，双边市场中有两个不同类型的用户群体，且每一边用户通过加入平台与另一边用户产生交易，并获取相应的效用，平台在这一过程中发挥着中介的作用，为两边用户实现交易提供服务。

Armstrong(2006)[2]从交叉网络外部性的角度给出了双边市场的定义。市场中两组不同的用户通过加入平台(platform)达成交易，而且其中市场一边用户加入平台获得的效用与加入该平台交易的另一边用户的规模大小相关，他认为这是判定双边市场的重要条件。之后，

Armstrong 和 Wright(2007)[31]强调双边平台以两边用户分别影响对方效用的交叉网络外部性的强度大小来协调平台上两边用户。值得注意的是，利用交叉网络外部性定义双边市场的方式，较为直观，且容易理解。

Rochet 和 Tirole(2004)[32]基于价格结构非中性的角度，认为价格结构非中性是界定双边市场的一个充分条件。Rochet 和 Tirole(2006)[3]将双边市场定义为：一个平台向两边用户每次交易收取的费用分别为 α_b 和 α_s 。假如在这个平台上发生的总交易量仅取决于总费用水平 $\alpha = \alpha_b + \alpha_s$ ，那么两边用户所交易的市场就是单边的(one- sided)，即交易量对总费用在两边用户的价格结构不敏感；相反，假如当总费用 α 保持不变时，交易量随着价格结构的变化而改变，说明价格结构是非中性的，则这个市场是双边市场。

上述定义是学者们分别从不同的研究角度对双边市场进行的界定，所以综合来看本研究认为双边市场是这样的一类市场，两边或多边用户通过加入平台中介进行交易，存在对该类型平台的需求且平台两边用户之间有交叉网络外部性，同时平台的交易量与价格结构有关。但是对于双边市场的认识，目前仍没有一个定义能够得到学者们的一致认可，且多数是属于描述性的定义。Evans(2003)[33]提出判别双边市场需要满足以下几个主要条件：首先，存在两个或多个不同类型的用户群体在平台上交易；其次，两边用户之间具有交叉网络外部性；最后，平台企业能够内部化这种外部性。虽然这一判断标准经常被人们用来判定双边市场，然而这种判定方法更多地是基于直觉或经验性的模糊判断。因而会使得对双边市场的判定结果要么包容过度(Hagiu 和 Wright，2015[4]；傅联英与路品亮，2013[34])，要么包容不足(王小芳与纪汉霖，2013[35])。

因此，Luchetta(2014)[36]提出在对双边市场进行判别时，不仅要考察网络外部性的作用，而且得保证平台两边用户间的交易唯一，只有同时满足这两个条件才可被界定为双边市场。Filistrucchi 等(2013，2014)[37-38]对现有关于双边市场的定义进行了回顾与总结，他们认为传统单边市场的分析方法不适用于双边市场，会导致错误决策，并进一步从理论和实践两方面确定了判定双边市场的关键要素，完善了对双边市场的界定。这些方法不仅适用于分析传统的双边市场，如银行卡、报纸等，也可用于分析新兴的双边市场，如社交网络及搜索引擎等。傅联英和骆品亮(2013)[34]首先从定性角度对比分析了双边市场的两个基本特征：价格结构非中性和交叉网络外部性，给出判定双边市场的两个基准，然后建立结构化计量模型和归属曲线模型，通过对交叉网络外部性的实证检验，定量识别双边市场，并在具体平台产业——银行卡产业得到实践应用，即从定性判断和定量识别两方面为辨识双边市场提供了一种新的检验方法。王小芳和纪汉霖(2013)[35]强调了两边用户之间存在直接交易是识别双边市场的一个重要因素，因为它可以反映用户之间的网络外部性特征。对平台企业而言，在其发展过程中的经营模式是可以在单边或双边市场中不断调整的，因而仅简单地从结构上将某一市场归类为单边或双边市场是不恰当的。

2.1.1.2 双边市场特征

作为一种新型的市场形态，双边市场有其独特的市场结构，特别是平台与两边用户之间具有复杂的相互作用关系，它与传统单边市场形成了显著差异，表现出不一样的市场经济行为特点。目前，学者们对双边市场的特征也进行了大量的分析讨论，大多数学者[39-44]认为双边市场具有如下几个主要特征：

(1) 市场需求互补特征

双边市场中，平台上两边用户对该类型平台的需求存在互补特征。平台向两边不同类型的用户提供产品或服务，连接和协调两边用户加入平台进行交易。只有当两边用户对平台提供的产品或服务有共同需求且需求互补时，双方才可能出现在平台上，平台的存在才有价值。否则即使两边用户出现在平台上，但对平台提供的产品或服务没有需求，只要缺少任何一方，平台的价值将不存在。例如在操作系统平台上，应用软件提供商对操作系统平台有授权许可源代码的需求，而消费者通过安装某个操作系统才能购买或运行应用软件，实现娱乐和办公等需求。只有当消费者和应用软件提供商均对操作系统有需求时，操作系统才有存在的价值。如果只有一边用户对操作系统有需求，操作系统平台就实现不了任何交易。因此，消费者和应用软件提供商对操作系统平台的需求是相互补充的，缺一不可。

传统单边市场理论中的互补，主要是基于产品功能互补特征，一般是针对同一个用户来说的。比如用户需要同时拥有订书机和订书钉，才能完成装订；只有备齐打印机和墨盒，才能进行打印。而双边市场两边用户对于平台提供的产品或服务的需求互补性不是功能性互补，而是不同类型用户主体对对方需求的互补。市场需求来自平台两边用户的联合需求，他们的需求相互依赖，相互补充。比如银行卡产业中的消费者希望商家安装 POS 机方便购买商品，要满足消费者的需求，前提是商家愿意安装 POS 机，如果银联组织对刷卡手续费收费太高，则商家就几乎没有安装 POS 机的需求，消费者刷卡消费也就没有意义。然而当安装 POS 机的商家越来越多时，消费者持卡消费的需求量也就越大，两者通过银联组织实现需求互补。因此，这种不同类型用户间需求的互补关系，不同于传统理论情形。

(2) 交叉网络外部性特征

交叉网络外部性是双边市场的根本特征。可以看出，这个概念主要包含三层含义：首先是外部性，指每个市场中的个体在活动过程中对他人产生的外部影响；其次是网络外部性，强调市场中的终端用户价值随着同类消费者数量的增加而增加；最后是交叉网络，指在不同市场用户之间的利益溢出。

双边市场中的交叉网络外部性不同于传统理论中的外部性，主要因为这种外部性是存在于平台两边不同类型用户之间，市场一边用户不仅从加入该平台上交易的同边用户规模中获益，更是从市场另一边更多的用户交易中获益，而且每边用户都不能内部化这种外部性。比如在视频游戏双边市场上，一方面，控制平台上游戏玩家的数量越多，第三方游戏发布者在该平台上开发游戏的动机越高。玩家游戏花费的增加，进而促使更多的游戏发布者开发更多更好玩的游戏。另一方面，控制平台上的游戏发布者开发的游戏种类增加，也会吸引更多的玩家加入平台。

(3) 平台的供给特征

双边平台的存在会为两边用户交易提供便利，降低交易成本。如果两边用户离开平台后依然能够高效地完成交易，那么平台的存在就没有多大价值了。双边平台为两边用户达成交易提供了一条便捷的途径。交易双方都无法内部化这种交叉网络外部性促成了双边市场的存在。

传统单边市场中，企业需要考虑能为市场中的消费者提供什么产品或服务，以吸引消费者消费并从中获益。而在双边市场中，平台需要同时考虑两边用户，通过向其提供产品或服务，将他们维持在平台上交易，而不是仅仅满足一边用户需求。比如，在网络购物平台上，只有消费者和商家同时在平台上发生交易，网络购物平台才可以获取利润。在以广告为主要收入来源的媒体平台，如果平台不能让广告与受众充分接触，那么平台将难以获得收入[45]。因此，在双边市场中，平台企业不仅要考虑能为一边用户创造效用，而且必须确定这边用户会对该平台上另一边用户带来怎样的效用。平台通过提供比两边用户独立交易更有效的方式，促使双方达成交易，提高交易效率，进而增加两边用户的效用。

从上述分析可知，交叉网络外部性是双边市场的根本特征。一些学者通过对具体平台产业相关数据的收集并进行实证分析，来估计两边用户之间交叉网络效应的显著性，进而判断某一市场是否为双边市场。虽然对双边平台的实证分析是目前双边平台企业研究的最新热点，但是由于现有对双边平台企业相关数据和资料的搜集工作难度较大，因此对平台企业相关问题的实证分析部分相对较为薄弱，相关的研究成果较少。尽管如此，一些研究学者还是在这方面做出了突破性的贡献。只有对双边市场进行相关的实证数据分析，才能使双边市场的理论研究更具有说服力和科学价值。

Rysman(2007)[46]通过支付卡产业的相关实证数据分析了双边市场中重要的网络效应问题，结果表明，虽然现实生活中消费者会持有多张不同网络的银行卡，但他们一般仅会选择在一家支付卡网络上进行消费。消费者选择使用的支付卡网络与商家所接入卡的种类是一种正相关关系。

Tucker 和 Zhang(2011)[47]利用某个购物网站提供的婚庆服务产品供应商的相关实验数据，实证分析了双边市场中信息披露对两边用户网络外部性的影响。研究表明，当平台为了吸引更多用户加入，将消费者和供应商的信息均披露时，会促使消费者更多地加入平台交易，这说明两边用户之间存在间接网络外部性。消费者会鼓励披露更多的有效信息，而卖方一般会阻止披露更多的信息。

Gil 和 Crichton(2011)[48]利用西班牙地方电视台 1996—2002 年的相关数据研究了价格歧视和平台竞争之间的关系，结果发现，价格歧视与平台竞争是非单调的关系。当平台之间竞争不太激烈时，电视台会采取价格歧视策略，并对广告商收取较高的费用以获取利润。

陈薪宇(2012)[49]利用上海交易所 1992—2009 年开户人数和上市公司数量的相关数据，对两边用户之间的交叉网络外部性的存在及其对交易所定价产生的影响进行了实证分析。结果表明，投资者的增加会吸引更多的公司到该证券交易所上市。因此，相较上市公司，投资者是交易所竞争对象的关键，扩大投资者规模对交易所的发展至关重要。由于较强的自网络外部性，交易所降低了对上市公司收取的注册费，以吸引更多的公司加入平台。

丁宁(2014)[50]根据中国信用卡市场中 1995—2011 年的相关统计数据，分析了消费者和商户间网络外部性的作用。结果表明，信用卡发卡数量的增加，会促进 POS 机安装数量以及商户数量的增加，即发卡市场对收单市场的影响较为显著，说明两边用户之间存在交叉网络外部性。由于发卡市场给收单市场带来的网络效应更大，因此在信用卡市场中，信用卡组织对商户收取的费用更高，并设定了合理的商户扣率。

2.1.2 双边市场分类

随着社会经济的发展，出现了越来越多的双边市场，形式也多种多样。通过近些年来对双边市场的不断研究，目前学者们从不同的研究角度将双边市场主要分为以下几种类型：

(1) Armstrong(2006)依据平台所处的市场竞争结构将双边市场分为两类：一类是垄断平台，即市场上仅有一个可供用户加入并进行交易的平台；另一类是竞争平台，即市场中有两个或多个平台可供用户随意选择加入。其中，竞争平台根据用户在平台上的归属行为又可分为单归属和多归属两种情况，用户只选择加入一个竞争平台，那么该用户为单归属；如果用户参与到两个或多个平台进行交易，则该用户为多归属。

(2) Roson(2005)[51]根据平台所有权的归属情况将双边市场分为两类：一类是独立拥有的平台，即平台所有权由中间层组织拥有而非两边用户拥有；另一类是垂直一体化的平台，即平台所有权不仅中间层组织拥有，用户或销售商也可拥有各自的平台，它又可分为开放和封闭平台所有权两种情况。

(3) Hagiu(2004)[52]依据平台的价格行为将双边市场分为两类：一类是对称双边市场，是指平台向两边或多边用户均收取费用，例如电视、视频网站、报纸及银行卡系统等；另一类是非对称双边市场，是指平台对市场一边用户不收取任何费用甚至提供补贴，而对另一边用户收取费用以获取利润。例如购物中心、搜索引擎以及门户网站等。

(4) Roehet 和 Tirole(2004b)[53]根据市场参与者的组成情况将双边市场分为简单双边市场和复杂双边市场两类。简单双边市场一般仅是由平台和两边参与者组成，例如购物中心、学术期刊、广播等；复杂双边市场是指市场中除了这三类参与者，还有其他的中间组织等，如支付系统、移动通信系统等。

(5)Sonmez(1997)[54]根据交叉网络外部性产生的效应将双边市场分为正网络外部性的双边市场和负网络外部性的双边市场。前者是指市场一边用户加入平台交易获得的效用会随另一边用户规模的扩大而增加，从而表现为正的网络外部性，如网络购物平台、社交网站以及网络游戏平台等；后者是指市场一边用户获得的效用随另一边用户规模的增加而减少，如广播、电视等媒体平台。

(6)Evans(2003a)[33]根据平台的市场功能将双边市场主要分为市场创造型、受众创造型和需求协调型三类。市场创造型双边市场的功能是为两边用户的交易提供便利，降低用户的搜索成本。通过中介平台，可以更大范围地搜索交易对象，提高两边用户成功交易的可能性和效率。例如网络购物平台、证券交易所、网络游戏及房屋中介等都属于这一类型。受众创造型双边市场的主要功能是平台通过提高所提供内容的质量以吸引更多的用户加入平台，进而促使更多的企业愿意到该平台上发布广告，如电视、报纸、杂志等。需求协调型双边市场的功能是可以实现两边用户的需求，协调用户加入平台交易，如网络游戏、银行卡市场、移动通信等。

(7)Evans(2003b)[55]依据平台的具体形态将双边市场分为交易中介、媒体平台、支付系统及操作系统平台四种类型。

①交易中介。这类平台的特点是两边用户之间具有显著的买卖关系，平台的功能是提供有效信息服务，降低信息搜索成本，促进双方高效地完成交易。如网络购物平台、房屋中介、招聘平台等属于这种类型。

②媒体平台。这类平台在现实生活中经常见到，它的功能是可以为广大受众提供丰富和有价值的内容，以及深受观众喜爱的娱乐节目等，来吸引受众的关注，增加受众数量，从而进一步吸引厂商在平台上投放广告等。但是受众对广告一般是厌恶的，因为广告会给受众带来负的效

用。如广播、电视等。

③支付系统。这类双边市场的功能是在两边用户达成交易后，帮助市场一边用户向另一边用户支付交易额，以完成整个交易过程。支付系统双边市场中，除了两边用户和平台运营商之外，还存在发卡机构、收单机构等其他服务组织，共同组成支付系统，如中国银联、支付宝、国际银行卡组织 Visa 等。

④操作系统平台。操作系统平台是软件平台的一种，这类平台的功能是帮助用户更好地使用应用软件，保证应用软件的正常运行，实现用户的效用。其他形式还包括游戏平台、个人数字网络等。现实生活中，操作系统平台的参与者也是多边的，涉及的主体除了消费者、应用软件外还有计算机硬件。

其他学者还从市场功能、产业发展周期[56]等角度对双边市场进行了分类。目前来看，学者们在对双边市场理论进行研究时大多采用了 Evans(2003a)[33]的分类方法，这种分类方法相对规范便于扩展，更有利于分析研究。

2.1.3 双边市场与传统单边市场的区别

双边市场作为一种新型的经济形态，在市场行为上与传统单边市场有较大的差异[57]，如在市场中的用户关系、对不同用户群体的定价方式等方面都有差异。两者之间的差别具体表现如下：

(1)用户群体关系不同。双边市场中平台连接的是两个或多个不同类型的用户群体，用户之间具有交叉网络外部性，缺少任意一边用户就会影响双边市场的存在。而传统单边市场连接的用户群体仅仅是上下游的产业链关系，用户之间不存在网络效应。

(2)定价方式不同。传统单边市场中，企业的定价行为是普遍的中性价格结构，即边际价格反映边际成本，一般情况下边际价格不会低于边际成本；而双边市场平台企业对两边用户制定的定价结构是非中性的，交易量会随着价格结构的变化而改变。平台为了协调两边用户加入平台交易，通常会对一边用户收取低于边际成本的价格甚至免费，而对另一边用户收取较高的费用以获取利润。而单边市场中制定低价会被认为是掠夺性定价。

(3)利润获取方式不同。传统单边市场中，企业提供产品或服务，通过节约成本、价格加成等方法获得收益。而双边市场中，平台通过向两边用户制定合理的收费结构进而获取收益。

2.2　双边市场的定价策略

价格问题是市场微观理论研究的基础性问题，价格工具是市场参与者之间达成交易的一种方式和手段，对市场中任何经济交易行为的研究一般都是从价格问题开始讨论的。因而，在双边市场中，对价格问题的详细分析成为探讨双边平台其他经济行为的前提和理论基础。在双边市场中，平台为两边用户提供产品或服务，以吸引两边用户加入平台进行交易，进而获得利润。为了吸引并维持两边用户在平台上交易，平台企业必须制定合理的价格结构。因而，平台对两边用户制定的价格策略会直接影响用户规模和平台利润，进而影响整个平台的运营效率。价格成为平台企业竞争的首要因素。由于双边平台企业是市场经济不断发展以及社会分工不断细化背景下产生的新型商业模式，双边市场与传统单边市场有较大的差异，双边市场特征对平台企业的价格行为起主导作用。因此，双边市场中的平台定价问题较单边市场中的企业定价要复杂许多，不能简单地依据传统单边市场理论中的供求分析方法分析双边市场的定价问题。目前，学者们在双边市场定价策略的研究方面已经取得了不少成果[58-59]，也解释说明了一些从传统单边市场角度不能分析理解的问题。Baxter(1983)[15]对信用卡交换费用的合理制定问题进行了研究，其中就有对双边市场经济理论的探讨，他的研究论文是最早涉及双边市场定价问题的研究文献之一。

2.2.1 价格工具

从现实生活中的双边平台企业来看，平台的定价形式多样，没有统一的规定。一般而言，双边平台在市场竞争中对两边用户采取的价格工具可概括为两种：一是注册费用，也称为固定费用，是指用户加入平台寻找交易对象所需缴纳的费用；二是交易费用，也称为可变费用，是指两边用户在平台上达成交易时，平台收取的交易费用。一般地，当平台无法确切地统计用户的交易次数时，则会收取固定费用。比如在银行卡系统双边市场中，对市场一边的消费者收取固定的年费。当消费者持卡购物消费时，对消费者不收取任何交易费用。而对市场另一边的商家收取交易费用，即根据每次的交易额收取一定比例的扣费。在电视媒体平台中，由于无法确切统计受众打开电视观看节目的次数，因此对受众收取固定年费，而对另一边的厂商往往会根据厂商每次发布广告的时长收取交易费用。本书后面几章的研究在一定的假设条件下，探讨了双边平台使用这两种价格工具时的竞争策略问题。由于前提假设条件不同，所得结论也会有较大差异。

2.2.2 定价方式

在对两种价格工具分析的基础上，双边平台对两边用户采取的定价方式大致可分为三种：注册费、交易费和两部收费制。上一小节已对前两种定价方式进行了简要介绍，两部收费制是指平台先对用户收取注册费，使得用户可以在平台上进行交易，然后平台再按照用户在平台上的交易次数相应地收取交易费用[60-61]。

双边平台依据这三种定价方式，对平台上两边用户制定合理的价格结构，以吸引更多的用户加入平台交易。平台企业一般会对市场一边用户制定低价甚至提供补贴以提高这边用户加入平台交易的数量，通过交叉外部性的作用，提高另一边用户加入平台的动机，进而获取利润。然而，在传统单边市场理论中，当企业设定的价格低于边际成本时，会被认为是一种掠夺性定价行为，往往会受到反垄断机构的限制。而已有有关双边市场理论的研究文献分析说明了双边市场中的定价策略与掠夺性定价的不同。

对双边市场定价策略进行研究的早期文献有 Rochet 和 Tirole (2003)[1] 和 Armstrong (2006)[2] 的研究论文。Rochet 和 Tirole(2003)[1] 建立了一般性的模型，分析双边平台在不同市场结构下的定价问题及其对价格结构的影响因素，并假设平台对两边用户收取交易费且用户之间是完美匹配的。结果发现，垄断平台下的最优定价满足勒纳公式，对市场用户的均衡价格与需求弹性成正比。而这个结论与一般现实情况不符，得到这一结果的主要原因是他们所构建的模型中没有考虑交叉网络外部性且假设价格水平保持不变。而竞争平台下的最优定价受用户归属行为的影响。

Armstrong(2006)[2] 以银行卡产业为背景，建立了垄断和竞争平台的博弈模型，将交叉网络外部性加入用户效用函数中，考虑双边平台收取注册费和两部收费制下的定价问题。研究发现，平台对两边用户的均衡价格结构受交叉网络外部性强度、交易成本及用户归属行为的影响，且与两边用户的需求弹性成反比。此外，他解释了双边平台对一边用户制定低价甚至提供补贴，而对另一边用户制定高价的原因。本书所分析的部分内容采用与其类似的研究方法，并根据所研究问题对模型进行适当的拓展，以使所建模型与现实情况更加相符。

Parker 和 Alstyne(2000)[62] 研究了软件平台企业垄断结构下的定价问题。研究中假设平台提供的产品横向差异且用户的市场需求函数与市场价格、软件开发商的数量有关。结果表明，垄断平台提供的产品与新进入市场的产品互补，则可促进平台的发展，提高平台利润以及消费者剩余。所得结论解释了软件平台向用户提供免费产品仍可获利的原因，并为产业规制部门对网络市场进行反垄断规制提供了理论参考。

Hagiu(2006)[63] 基于双边市场理论，研究了软件平台企业竞争时平台对两边用户的定价问题，解释了操作系统对应用软件开发商和消费者采取不同定价结构的原因。研究发现，竞争均衡时，平台对消费者的定价相同。消费者对应用软件的偏好越强，操作系统获得的利润就越高。

戴菊贵(2015)[64]分析了网络借贷P2P垄断和竞争平台的定价策略问题。结果表明，垄断平台对两边用户的定价策略为谁获益谁付费。竞争平台中，平台向贷款人进行补贴，而对借款人收取高价，且有本金保障的平台对贷款人收取的费用高于无本金保障的平台。

目前来看，现有对双边市场定价策略进行研究的多数文献是通过构建静态博弈模型进行分析的，尤其在几篇关于双边市场的经典文献中均是静态的模型。而生活中平台企业之间的竞争有时是为了追求长期利润的最大化，会受时间等因素的影响，属于动态的博弈过程[65]。目前，对有关双边市场的动态博弈模型的构建主要有两种方式，即微分博弈和多阶段动态博弈。

在微分博弈方面，Tse(2007)[66]构建了微分博弈模型，分析了双边平台竞争下的均衡市场份额和竞争平台能够共存的条件。结果表明，竞争平台能否共存取决于用户的归属行为特征。如果用户单归属的趋势增长，则小网络平台存活或与大网络平台共存的可能性较少。在长期单归属市场中，最终结果将是“赢家通吃”。如果用户偏好多归属，则最终均衡结果是多个企业共存。所得结论对双边平台的潜在进入者有策略性的影响。一方面，对于单归属情形下的垄断平台，不管它们有多先进的技术，潜在进入者都将很难进入市场，如操作系统；另一方面，多归属情形下，潜在进入者成功进入市场的可能性会比较高，如支付卡市场。

在多阶段动态博弈的研究方面，Bolt和Tieman(2006)[67]基于Rochet和Tirole(2003)的研究[1]，以银行卡组织为研究对象，分析了双边市场多阶段动态博弈的竞争均衡问题。其中，银行的当前贷款和定价决策决定了其未来的违约概率。研究发现，双边平台利润最大化所得均衡解是倾斜的。他们研究的主要贡献在于首次讨论了多阶段动态博弈的均衡问题，所得结论对当时银行卡组织的定价行为判定发挥了重要作用。

Cabral(2011)[68]认为双边平台在定价决策过程中，时间是一个重要的影响因素，并利用动态框架研究双边市场的定价行为。结果表明，双边平台最优定价受两边用户之间的网络外部性强度及吸引平台新成员的动态价值等因素的影响。最后，他给出了平台两边用户规模的决定因素。

段文奇和柯玲芳(2016)[69]根据用户效用随用户规模动态变化，构建了双寡头竞争平台动态博弈模型，分析了动态定价下的平台竞争问题，并对动态定价下所得均衡解与静态定价下的均衡解进行了比较分析，还考察了网络外部性等参数对动态定价下市场均衡的影响。结果发现，双边平台动态定价较静态定价更具有优势，且均衡价格随着网络外部性强度的增加而上升。

通过动态博弈方法研究双边市场的定价问题能够解决静态模型分析产生的多均衡问题。Zhu 和 Mitzenmacher(2008)[70]构建了一个简易的动态模型，以解决静态模型中出现的均衡选择问题。分析发现，最终的市场结构很大程度上依赖于网络外部性强度。具有弱网络效应的垄断平台的市场份额优势会随着时间的推移逐渐减少。仿真模拟的结果表明在很长一段时间内垄断发生的概率是微小的。而本研究由于所分析问题构建模型的复杂性，主要通过构建静态博弈模型进行分析并得出结论。在未来研究中，将讨论双边平台的动态博弈问题。

在上述对双边市场定价问题研究的相关文献中，大多数认为双边平台对两边用户制定的价格结构与交叉网络外部性强度相关，对交叉网络外部性较强的一边，收取费用较低，对交叉网络外部性较弱的一边，收取费用较高。这在许多的平台产业中得到了验证。孙武军和陆璐(2013)[71]在 Bolt 和 Tieman(2006)[67]的基础上，假设用户需求函数为非对数凹性，研究了垄断平台收取交易费时对两边用户的定价问题。结果表明，均衡时，垄断平台对交叉网络外部性较大的一边用户设定的价格较高，而对交叉网络外部性较小的一边用户设定的价格较低，并在操作系统平台验证了所得结论。这种定价方式与之前的研究观点不同。

整体而言，从已有对双边市场定价问题的研究成果可以看出，双边平台对两边用户的定价策略与市场结构、定价方式以及用户的归属行为等多种因素有关。而传统单边市场理论研究定价问题时的供求分析等方法不适用于双边市场。双边市场定价问题的分析框架与传统单边市场有很大差异，具体表现为：一方面，双边市场中，必须根据双边市场的特征，结合两边用户的需求来考虑双边平台的定价问题，对市场一边的定价需要明确其对另一边用户带来的影响，这与传统单边市场中仅考虑对一边用户定价不同；另一方面，双边平台对两边用户制定的价格结构与成本相偏离，反映的是两边用户的需求特性，而不同于传统市场中的掠夺性定价行为。

2.3 双边市场的竞争策略

2.3.1 单归属与多归属

在双边市场中，用户的归属行为是双边平台定价行为的一个重要影响因素。单归属是指市场中的用户仅选择加入一个平台并与该平台上的另一边用户进行交易。而多归属是指市场中一边或两边用户选择加入两个或多个平台上进行交易。在现实生活的具体平台产业实践中，为了使自身效用能够最大化[72-74]，用户往往会加入多个平台进行交易。因而，用户多归属行为是一种广泛存在的现象，尤其是当平台对市场用户设定低价甚至提供免费服务时。例如在房屋中介平台中，一般购房者为了获得另一边卖房者更多的网络外部性溢出，通常会同时在多家房屋中介进行注册登记，进而可以寻找更多好的房源，并进行对比。同时卖房者也会在多个房屋中介平台上登记，以提高成功交易的概率。

Caillaud 和 Jullien(2001)[75]最先对双边市场中用户单归属与多归属行为下的平台定价及竞争问题进行了研究。他们假设平台两边用户行为是同质的，研究发现，当平台收取注册费且用户单归属时，在位平台会采取分而治之的策略以阻碍潜在平台进入市场，从而获取利润。当市场一边用户能够选择多归属时，平台竞争会导致这边用户均选择多归属行为。

Armstrong(2004)[76]在双边平台竞争且存在差异的情形下，分析了用户归属行为对平台定价的影响。结果表明，平台之间的差异化程度会对用户的归属行为产生作用。当两边用户为单平台接入时，平台竞争的焦点是用户需求弹性较大的一边，平台对这边定价较低，而对另一边制定较高的价格。当一边用户单归属而另一边用户多归属时，平台竞争较为激烈的是用户单归属的一边，平台对这边收取低价，而对用户多归属的一边收取较高费用以获取利润。

Gabszewicz 和 Wauthy(2004)[77]建立了双寡头平台存在纵向差异化的竞争博弈模型，以研究用户多归属行为的条件下双边平台的竞争问题。他们认为，在两边用户均为单归属时，均衡状态下，两个平台获得的利润均为正。当两边用户均为多归属且竞争均衡时，多归属只会在市场一边用户发生，即如果卖家是多归属的，那么买家就没有多归属的必要。

Reisinger(2014)[78]在两边用户交易行为异质的条件下，分析了双边平台两部收费制下的动态定价问题。结果表明，之前的相关文献会出现均衡解的连续统，从而影响模型的预测结果。而他在研究中引入用户异质行为后，保证了均衡解存在的唯一性。在一边用户单归属而另一边用户多归属的情形下，当交易成本较大时，价格歧视可以提高平台利润。而在两边用户均为单归属时，价格歧视会损害平台利润。

在后续的一些讨论双边市场用户归属行为的相关文献中，一般都是基于用户纯粹多归属，即假设市场中一边用户均为多平台接入。2006年，Poolsombat 和 Vernasca[79]等首次提出“部分多归属”的概念，并根据用户对网络服务的不同偏好，将其分为两种类型：“高网络偏好型”和“低网络偏好型”。研究表明，竞争均衡时从平台对用户的定价来看，用户部分多归属相对于用户单归属的情形，提高了平台对用户的定价。“低网络偏好型”用户在单归属情形下的消费者剩余要高于多归属和部分多归属情形下的消费者剩余。

张凯(2010)[80]等构建了一个双边平台企业竞争的静态博弈模型，并讨论了用户不同归属行为下重叠业务策略对双边平台企业市场均衡的影响。研究发现，当两边用户均为单归属时，平台对两边用户制定的均衡价格与重叠业务比例呈负相关关系，而当一边用户单归属而另一边用户部分多归属时，均衡价格与重叠业务呈正相关关系。平台对用户的“价格战”竞争的对象主要是单归属一边的用户。

纪汉霖(2011)[81]对双边平台产业中三种不同的用户归属行为进行了总结，研究了用户不同归属行为下双边市场的定价策略。结果表明，两边用户均为单归属的情形下，平台获取的利润最高，因而双边平台有阻碍用户多平台接入的激励。用户部分多归属的情形下，平台对用户制定的价格较低且平台利润下降。此外，平台差异化程度的提高也会提高平台利润。

Landsman(2011)[82]在视频游戏行业背景下，探讨影响卖方多归属决策的条件以及用户多归属行为对平台销量的影响。结果表明，用户多归属的增加不利于平台的销量。但是随着平台逐渐成熟或获得较大市场份额，这种效应便会消失。另外，在成熟的平台上，市场份额的增加会导致更多的卖方多归属。而在新兴平台中，市场份额增加，卖方多归属降低。

Koh 和 Fichman(2014)[83]在商家多归属条件下，采用 7 个月内 118 位买家参与 B2B 交易的数据集，分析了电子商务 B2B 平台上购买和销售交易行为对买家多归属偏好的影响。研究发现，这些活动会影响买家的感知收益，进而影响其多归属偏好。其中，买家更愿意在有较多销售活动的平台上进行交易，但买家的多归属交易偏好与购买水平非单调相关且随时间变化。另外，在模型建立过程中必须正确建立买家的归属行为，否则通过交易会得到平台的次优策略。

2.3.2 差异化策略

与传统单边市场中的企业一样，双边市场中的平台企业也具有差异性，比如在企业规模、产品多样性及服务质量等方面[84-85]。由于双边市场独特的结构，传统差异化理论将无法用来分析双边平台通过竞争吸引两边用户加入平台交易的行为。在双边市场中，双边平台采取的差异化策略主要可分为两种：横向(水平)差异化和纵向(垂直)差异化。横向差异化是指平台通过所提供产品的独特性或价格来吸引用户，而双边用户可依据自己的偏好选择加入平台。纵向差异化是指平台针对不同的人群提供有质量差异的产品或服务，而消费者可依据自身能力和质量需求选择加入平台。差异化策略是平台竞争常用的一种重要手段。

2.3.2.1 横向差异化

Armstrong 和 Wright(2007)[31]建立了 Hotelling 竞争博弈模型，研究了差异化策略对平台竞争的影响。假设平台对两边用户收取注册费，结果发现，竞争平台之间的差异越显著，平台对两边用户制定的价格越高。而竞争平台差异缩小，则两平台对该边上的用户竞争更激烈，平台定价下降。当竞争平台在市场一边采取差异化策略时，均衡状态下，这边用户通常会选择单归属，且平台会对这边用户进行补贴。而无差异的一边，用户会选择多归属，平台从这边用户收取高价以获取利润。

Hagiu(2008)[86]以操作系统为研究背景，研究了消费者具有产品多样性偏好对双边市场平台企业竞争的影响。研究表明，当软件开发商的市场势力较大且消费者的产品多样化需求偏好较高时，垄断平台主要对软件开发商制定高价以获取收益。这是由于消费者的产品多样性偏好使得软件开发商提供的产品替代程度降低，增加了软件开发商的剩余。当操作系统为竞争平台且平台差异较大时，平台主要从消费者一边获取收益。

Kim 和 Lee(2013)[87]以网上团购促销平台为研究背景，分析了双边平台的长期竞争问题。结果表明，在位平台在团购销售上具有显著优势，这很大程度上归因于庞大的消费者规模。而潜在进入平台通过公开商家的大量信息和性能，成功进入市场且在市场上的渗透率逐渐增加，从而产生更大和可预测的团购销售，这成为竞争的一种有效手段。他们的研究说明平台可以通过公开信息等差异化竞争策略在双边市场中长期参与竞争，以达到平台共存的局面。

张凯(2013)[88]在多寡头平台企业存在规模差异的条件下，利用Salop双环模型对平台在不同情形下的定价问题进行了分析。研究发现，不论两边用户是竞争还是局部垄断，平台对用户的价格结构会影响平台利润；多寡头平台企业的竞争中，当卖方市场竞争时，不论买方市场是竞争还是垄断，均不存在均衡解；由于交叉网络外部性的作用，存在均衡解时，平台竞争会提高平台利润和双边用户效用。

纪汉霖(2014)[89]在竞争平台有差异且用户部分多归属的条件下，分别研究了两个平台同时定价和大、小平台先后定价这三种情况对平台定价行为的影响，并进行了对比分析。结论表明，均衡状态下，相互竞争的两个平台对两边用户的定价都为正，且在两个平台同时定价的情形下最低。当大平台后定价时，市场份额和平台利润都高于小平台。此外，随着大平台两边用户之间的网络外部性强度的增大，两平台的均衡定价、用户规模及平台利润之间的差距会随之增大。

2.3.2.2 纵向差异化

Zhu和Iansiti(2008)[90]构建了一个具有质量优势的潜在进入平台和在位平台的竞争博弈模型，以分析哪些因素是平台企业长期发展成功的关键因素。研究发现，平台企业追求长期利润最大化的目标能否实现主要取决于两个因素：交叉网络外部性强度和消费者的预期。此外，在一定条件下，交叉网络效应可以强化潜在进入平台的优质服务特征，交叉网络外部性强度越大，就越能促进市场的有效竞争。最后，他们利用Xbox和PlayStations的竞争验证了所得结论。

Galeotti 和 Gonzalez(2009)[91]构建了一个连接提供差异化产品的供应商和消费者的双边平台竞争模型。研究表明，竞争均衡时，平台可以完全内部化交易双方即消费者和供应商之间的网络外部性。产品供应商数量的增加，可以提高平台的多样化程度，但也加剧了平台之间的竞争。因而，平台对商家制定的价格降低，对消费者的定价升高。当平台间产品差异化程度提高时，可以增加消费者的价值。在这种情形下，平台对两边用户的定价均升高。

纪汉霖和管锡展(2007)[92]使用 Hotelling 模型构建了提供两种服务的双寡头平台竞争模型，研究了垄断和竞争情况下双边平台的定价策略问题。研究发现垄断平台在先提供高质量后提供低质量服务时，对两边用户的均衡定价和平台利润都高于同时提供两种服务的情形。在平台竞争时，提供高质量服务的平台将会继续提高服务质量水平，而提供低质量服务的平台则会继续维持低质量服务以获得更大的利润，两竞争平台的利润差取决于平台两边之间较大的网络外部性强度。

万兴和高觉民(2013)[93]基于抽象函数构建了双边平台在市场一边有质量差异时的博弈模型，研究了平台在垄断与双寡头竞争结构下的市场均衡。研究发现，均衡状态下，垄断平台对市场一边用户制定极端低价，平台利润低于竞争平台中的高质量平台。在竞争平台中，平台对消费者制定的价格高于边际成本且价格具有战略互补效应，使得强者更强。

Evans(2013)[94]考察了纵向约束对双边平台竞争的影响，研究发现，纵向约束会带来竞争效应和反竞争效应。当用户单归属时，在平台发展早期，纵向约束可以增强网络外部性的作用，使得平台两边用户的效用增加，提高平台利润，进而促进市场竞争。所以，双边平台的纵向约束行为不一定就是反竞争的，不能简单运用传统单边市场理论进行解释。

Gabszewicz 和 Wauthy(2014)[95]建立了具有纵向产品差异的双边平台竞争博弈模型，以分析平台的定价策略及竞争问题。他们用交叉网络外部性强度来刻画竞争平台的产品差异。研究发现，当两个平台的产品差异化越大时，较大网络外部性强度的平台对两边用户制定的价格较低，加入平台的用户规模和社会福利均高于较小网络外部性的平台。

2.3.3 技术创新策略

Eisenmann 等(2009)[96]回顾了激励双边平台开放或封闭平台的因素，研究如何利用技术创新创造平台的市场价值和如何提高技术水平以实现最优均衡的问题。结果表明，影响平台开放或封闭的因素主要有保证一些互补品提供商的排他权利及吸引互补品提供商加入平台的能力。随着时间的推移，私有和共享平台逐渐向集中平台技术(封闭赞助商)的混合管理模式推进。

黄文妍和段文奇(2015)[97]基于双边市场理论分析了技术创新和人工导向策略对双边平台竞争的影响。研究发现，人工服务导向策略可以增加平台两边用户的效用，但是会降低平台利润。而平台通过技术创新策略可以促进其服务水平的提高，能够吸引更多的用户加入平台交易，增强网络效应，使平台利润增加。

Anderson 等(2011)[98]研究了技术创新对平台竞争的作用，主要考察了提高平台核心技术和增加交叉网络效应之间的均衡问题。通过对平台技术投资下所得的最优均衡解的分析发现，大力投资于平台的核心技术并不总是提高平台的竞争优势，他们认为对平台上较低技术的部分进行技术创新可能是一个制胜策略。

Mantena 和 Saha(2012)[99]建立了双边平台竞争的博弈模型，研究了技术创新对平台企业竞争与合作的影响，其中，技术是双边平台价值结构的一个重要因素，平台的技术水平影响用户的网络效应。研究表明，两平台技术水平的较小差异，可导致较大的平台利润差异。次优技术平台改进技术不能显著增加其利润，但会减少平台间合作的机会。

Liu 和 Li(2011)[100]考察了卖方技术创新决策对双边平台定价策略的影响，从有限和无限范围两个方面构建了卖方技术创新路径模型，并进行分析。研究发现，在有限的创新情形下，平台通过对卖方收取最优接入费而获得利润，对买方制定的最优费用降低了卖方的价格竞争。平台收取或补贴买方费用的最优策略依赖于买方愿意为高质量服务支付的变化程度。在无限的创新情形下，他们通过计算得到了卖方创新的固定马尔科夫均衡。

Lianos 和 Motchenkova(2013)[101]构建了搜索引擎双边平台模型，研究占主导地位的搜索引擎的创新率、定价和技术质量改进的创新决策问题。结果表明，垄断的搜索引擎平台导致对广告商和用户的价格上涨以及技术质量改进的投资不足。更一般地，垄断平台对广告商收取过高的费用，损害了广告商的利益，用户搜索结果的质量降低，行业的创新率下降，对社会也会造成损害。

2.3.4 其他策略

Halaburda 和 Yehezkel(2013)、Liu 和 Serfes(2013)、Aloui 和 Jebsi(2012)和 Vasconcelos(2015)分别就信息不对称、价格歧视、拥挤效应和排他性等策略对双边平台的定价问题进行了研究。Halaburda 和 Yehezkel(2013)[102]研究了信息不对称对双边平台竞争的影响，这可能是目前最早研究信息不对称下平台竞争的文献。研究发现，在位平台通过设定社会福利最大化时的用户数量来主导市场，且在用户多归属下获得的平台利润高于单归属情形。用户多归属可以解决信息不对称导致的市场失灵问题。Hagiu 和 Halaburda(2014)[106]考虑了双边市场中不同层次信息对垄断和竞争平台利润的影响。一方(开发商)总是掌握所有的价格信息，因而可以得到相应的预期。相反，另一方(用户)不了解开发商收取的费用，持消极预期。研究发现，垄断平台更喜欢面对明智的用户，而竞争平台在用户信息较少时，可以获得较高的利润。因为更多的价格信息导致用户预期更加敏感，加剧价格竞争，从而竞争平台受到不利影响。

Liu 和 Serfes(2013)[103]研究了价格歧视对双边平台企业的竞争和平

台利润的影响。在单边市场中，企业实施价格歧视策略会增加消费者剩余，而降低企业利润。他们认为这样的结论在双边市场中不一定适用。研究发现，双边市场中平台企业采取价格歧视可能产生两种效应：一种是负效应，与单边市场一样，降低了平台利润；另一种是正效应，平台采用价格歧视策略而不是统一定价可以内部化两边用户之间的交叉网络外部性，吸引更多的用户加入平台交易，从而提高了平台利润。这两种效应的产生与交叉网络外部性强度有关，因此价格歧视在双边市场中可能具有弱化竞争的作用。

王镭(2014)[107]等研究了金融超市双寡头竞争情形下的定价策略。结果表明，金融超市采取价格歧视策略对每期的平台利润最优化是有利的，但对平台长期利润最优化是不利的。当金融超市处于发展期或成熟期时，较大的价格折扣有利于新的平台企业进入市场。Kodera(2015)[108]等构建了一个媒体平台在价格歧视下的竞争模型，假设媒体平台对消费者制定了统一的价格，而对广告商制定统一或歧视性的价格，比较分析了在这两种不同定价方案下的平台利润和社会福利。结果表明，如果消费者对广告无差异，则价格歧视不利于平台利润和社会福利。

随着对双边市场研究的不断深入，近几年有些学者开始关注双边平台的拥挤效应，并发表了一些相关文献。Aloui 和 Jebsi(2012)[104]研究了双边市场中单边拥挤效应对垄断平台定价策略的影响。研究发现，与无拥挤效应的情形相比，拥挤效应下所得结论与 Rochet 和 Tirole 关于双边市场倾斜定价的经典结论相反。在平台两边用户的价格需求弹性相等的情况下，平台对无拥挤的一边用户制定高价；在价格需求弹性不同的情况下，平台定价取决于拥挤边际成本的某个临界值，在一定条件下，平台对两边用户的倾斜定价战略与之前已有的研究结论相反。Aloui 和 Jebsi (2016)[109]扩展研究了双边拥挤效应对平台竞争的影响。研究表明，双边平台的容量份额管理不仅取决于两边用户的参与程度，也取决于两边用户的交叉网络外部性强度。另外，他们认为平台不会将最小的容量份额分配给对拥挤最不敏感的一边用户。

Hagiu 和 Spulber(2013)[110]分析了平台提供第一方内容对平台竞争的影响。研究发现，双边平台是否采取第一方内容策略主要取决于两个因素：买方对平台的预期以及第一方内容与第三方内容(卖方提供)之间的关系。当第一方内容与第三方内容为替代(互补)关系且平台面临不好的预期时，平台对两边用户的定价降低，相比好的预期情形对第一方内容的投入增加(减少)。在竞争平台中，当在位平台面临好的预期而进入平台面临不好的预期，且一边用户多归属时，在位平台会增加对第一方内容的投入。

Vasconcelos(2015)[105]研究了双边市场中排他性定价对平台竞争的影响。虽然理论上已说明在位企业通过对市场一边设定低于成本的价格可排除一个不具有一定规模用户基础的潜在竞争对手，但该模型并不意味着市场中低于成本的价格应该被视为反竞争行为。相反，他们认为，在不对称的双边市场中，排他策略往往是对平台有益的，而禁止低于边际成本价格可能会破坏一些有效排他现象和恶化过度进入的问题。此外，还有学者考察了业务拓展和用户运营成本等策略对平台定价的影响[111-114]。

以上有关双边市场的研究文献有些是通过构建一般性的博弈模型，对影响双边平台定价策略的因素如定价方式、平台结构及用户归属行为等以及对平台采取的竞争策略进行了分析。有些则是通过收集相关数据对双边市场的定价机制进行了实证分析。同时，还有些学者运用双边市场理论分析具体双边平台产业的定价及竞争问题。目前来看，对具有双边市场特征的平台企业的研究主要集中在银行卡[115-116]、媒体平台[117-119]及软件平台等[120-124]几个领域。但从以上分析可知，现有文献大多研究如何从价格策略角度吸引用户加入平台。下面对双边平台采取扩大平台服务范围以拓展用户基础的策略如互联互通、兼并及捆绑销售的研究现状进行分析与总结，指出现有研究的一些不足之处并说明本书的创新工作。

2.4 拓展用户基础的竞争策略

双边市场中，由于双边用户之间存在网络外部性，用户基础的拓展是平台需解决的重要问题。在双边平台产业发展初期，各平台企业根据自身的发展定位，凭借其优势资源来吸引用户加入平台进行交易，用户之间相互交叉、重叠的现象较少发生。但是随着网络技术的快速发展及普及，大大小小的平台企业蓬勃崛起并不断成熟，同类平台的用户网络就会出现重叠，进而平台之间形成了直接争夺用户的竞争。而双边市场中平台企业的竞争不同于传统单边市场，主要原因在于双边市场的独特交叉网络外部性特征。

在传统单边市场中，降低价格、进行广告宣传等是企业吸引消费者的主要竞争策略。而除了这些传统的竞争策略以外，相比传统单边市场，双边平台企业的独有特征使其竞争策略更具复杂性。在双边市场中，虽然采取一定的价格策略，如对两边用户进行适当的价格补贴，是平衡平台两边用户基础的有效策略，但价格竞争，有时不仅不利于整个行业的有序发展，而且由于平台服务层次的不断提高，成本逐渐增加，实施低价会加大平台的运营风险。因此，本书讨论双边平台拓展用户基础不同于价格策略的方面。由于需求规模经济的存在，即平台上市场一边更多用户的出现可以增加另外一边用户的效用，进而促使更多的用户加入平台进行交易，因而，双边平台企业拓展用户基础不再局限于价格竞争策略，而是采取能够扩大平台服务范围的策略，如互联互通、兼并及捆绑销售等，这不仅可以服务本平台的用户而且可以服务竞争平台的用户，使得平台扩大了对所服务用户的覆盖面，提高了平台上用户的效用，增强了平台的影响力，提高了平台的知名度，从而吸引更多的用户加入平台交易，并成为平台提高自身竞争优势的一种选择。

2.4.1 互联互通

关于平台互联互通的绩效评价，学者的判断并不相同。在传统单边市场中，Economides 和 Fredrick(1998)[125]指出企业间互联互通会降低产品差异化，加剧市场竞争，而非互联互通能够提高企业的横向产品差异性，并增加用户的需求弹性。他们还分析了双寡头垄断企业对互联互通的选择问题。研究发现，在销售额及利润相差较大的企业间常会发生互联互通。Chioveanu 等(2009)[126]分析了银行 ATM 互联互通下额外收取接入费的问题，研究发现，ATM 运营商对本网用户收取较低费用甚至不收费，而对外网用户会制定较高的跨行使用费。李楠和伍世安(2013)[127]利用演化博弈理论讨论了电信产业中运营商互联互通策略的选择问题，研究发现，互联选择的演化结果受系统内部参数的影响。

虽然互联互通在网络经济学中较为重要，但目前对双边平台互联行为的研究文献较少。由于网络效应的作用，双边市场下互联的性质不同于单边市场。Doganoglu 和 Wright(2005)[128]研究了消费者多归属和平台兼容时的选择问题，分析表明，消费者多归属可以得到更大的网络效应，会弱化平台间的竞争，导致厂商降低对互联互通的需求。但是，用户多归属也会导致平台产生不能内部化的新成本。平台在不兼容时用户付出的成本可能更高，所以他们认为，虽然多归属是一种较普遍的现象，但产业规制者还应注意平台间的互联互通。

胥莉等(2006)[129]对银行卡产业中消费者多归属和平台互联互通对平台定价策略的影响进行了分析。结果表明，消费者多归属会影响平台企业的定价行为，平台对两边用户的定价升高，增加了平台利润和消费者剩余；另外，平台互联互通较消费者多归属情形可以为消费者带来更多的效用，提高整个社会的福利，但是较高的转换成本使得平台企业倾向于无互联。

纪汉霖和王小芳(2007)[130]构建了两个数学模型，讨论了对称和非对称平台间的互联互通问题，并考察了网络外部性强度及接入费等参数对市场均衡的影响。结果表明，平台间的互联互通会提高平台利润和整个社会福利，但非对称平台互联时，会减少强势平台的利益。因此，强势平台有减少互联的动机，产业规制部门需要制定相关的互联规制政策来加强平台间的互联，并对接入费的设定提出适当的规制建议。

司马红和程华(2012)[27]对日本电子货币产业进行了考察，分析了平台企业在发展初期及成长期用户基础建立的策略问题。结果表明，平台在发展初期，可以凭借自身的优势资源及目标，先选择较易发展的一边用户，进而吸引另一边用户参与平台交易。在平台处于成长期规模逐渐扩大，用户出现交叉重叠时，可以利用平台间互联互通等策略实现用户基础的扩张。

杨春德和刘睿岚(2010)[131]考虑了即时通信平台互联互通和用户多归属对平台竞争的影响。研究发现，平台企业的均衡价格和利润与平台之间的差异化程度有关。当平台互联且用户单归属时，在一定条件下，互联后平台利润升高，因此平台有互联互通的激励。而当用户多归属时，相较单归属情形可提高平台利润，从而会降低平台互联的动机。

董维刚等(2011)[132]依据双边平台企业合作后，用户固有收益增加的特征，研究了平台企业合作对平台定价和竞争的影响。结果表明，平台合作后，对网络外部性强度较小的一边用户的价格升高，另一边用户的价格变化与网络外部性强度有关，且提高了平台利润和社会总福利。董维刚等(2013)[133]扩展了之前的研究，分析了双边用户多归属情形下的平台合作问题。研究发现，平台合作后，对两边用户的价格及市场份额均升高，而非合作平台对两边用户的价格和市场份额均下降。另外，合作提高了平台利润，非合作平台利润降低，说明合作是有利于平台竞争的。

Kim(2012)[134]研究了由新旧两个平台组成的垄断平台的定价问题。他扩展了交叉网络外部性，提出了“跨平台的外部性”。新旧两平台之间具有兼容性，加入新平台的用户可以通过旧平台上的服务在旧平台上进行交易。结果表明，静态均衡分析中没有得到稳定的内点解，但在一定条件下，可以得到稳定的角点解。对垄断平台的动态均衡分析中，通过最优控制理论可以得到均衡稳定的角点解。

Kim(2013)[87]以软件平台为研究对象，通过软件平台市场的相关数据研究了平台的兼容性对平台竞争和策略选择的影响。分析表明，平台兼容可以使得软件提供商销售的产品数量增加，提高了消费者剩余。此外，他还认为平台兼容可以提高规模较大平台的利润，市场集中度增加，导致强者更强，而平台兼容会损害规模较小平台的利润。

从以上文献可以看出，互联互通可扩大平台服务两边用户的规模以拓展用户基础。但现有文献对互联互通的研究主要关注如何设计高效互联或考虑接入费的问题。而现实生活中，竞争平台间互联互通的现象有时不会发生，且平台间的技术水平一般存在差异，那么技术水平存在差异的平台间是否有互联的激励？当低技术平台进行技术创新时，对平台间的互联互通将产生怎样的影响？目前对这一问题的研究还较少。基于以上考虑，本书第三章讨论技术创新对双边平台间互联互通的影响。

2.4.2　兼并

双边市场兼并的形式主要可分为横向兼并和纵向兼并两种方式[135-136]。学者们也分别从这两个角度来分析企业兼并行为的效果，并重点分析了企业兼并的内在激励。在传统单边市场情形下有关企业兼并问题的研究中，多数学者认为企业采取兼并的动机在于分担固定成本，扩大市场规模，但是兼并也会导致产品的价格升高，使得下游企业的利润降低。Huck 和 Konrad(2001)[137]在产品同质的条件下，研究了具有不同发展实力的企业间的横向兼并问题，结果表明，企业兼并不仅取决于成本，而且取决于市场结构以及所涉及企业的战略实力。两个实力相差较大的企业兼并后利润增加，即使成本是线性的，也存在兼并的动机，但会造成社会福利的损失。

Economides 和 Salop(1992)[138]分析了在不同市场竞争结构下互补产品的竞争和整合对均衡定价的影响。研究发现，纵向兼并下企业的定价降低，而横向兼并下企业的定价升高。由于企业与下游互补品企业纵向兼并可提高企业的利润，有利于竞争，因此，企业有纵向兼并的激励。

Nilsen 等(2016)[139]考察了上游企业并购策略可能产生的反竞争效应，研究发现，上游并购可能导致下游企业支付的价格升高，但对消费者的价格不变。随着网络经济学的兴起，企业兼并问题在网络经济学中研究得也越来越多。程贵孙和陈宏民(2006)[140]分析了不同市场结构下，具有网络外部性的企业对不同兼并模式的选择问题，研究发现，在上下游企业均为双寡头竞争的结构下，企业间的兼并模式选择会受网络外部性强度的影响。

而对于双边市场兼并策略的研究仍处于刚起步阶段，关于这方面的研究成果并不多。目前的相关研究主要集中在两方面：一方面是双边市场的纵向兼并；另一方面是双边市场的横向兼并。对于纵向兼并的研究，Economides 和 Katsamakas(2005)[141]对比分析了专有操作系统与开放操作系统在不同市场结构下对平台定价、利润及社会福利的影响。研究发现，专有的纵向兼并操作系统平台对两边用户收取的接入费用低于边际成本，当用户对应用软件种类多样性偏好较强时，专有操作系统平台获得的利润更大，在市场份额和平台盈利方面均高于开放操作系统平台。

Derdenger(2008)[142]对视频游戏平台纵向兼并可能发生的两种效应进行了分析，一种是需求效应，纵向兼并提高了平台的差异化程度，均衡时，平台价格升高；另一种是市场结构效应，加剧了平台间的竞争程度，从而使价格下降。通过实证分析发现，视频游戏平台实施纵向兼并，价格下降，市场结构效应是主导需求效应的。

Lee(2013)[143]分析了纵向兼并及排他性协议对美国视频游戏平台竞争的影响，并进行了实证分析。分析发现，视频游戏平台中的制造商和软件开发商间的纵向兼并及排他性协议可能会刺激平台间的竞争，但当禁止平台的纵向兼并行为时，会使得在位者受益，而小的、新进入的平台利润受损。

朱廷杰和吕廷杰(2007)[144]考虑了具有负网络外部性的媒体平台与广告商进行纵向兼并的激励问题。结果表明，当媒体平台间差异程度较小时，平台对消费者制定的价格较低，平台的利润下降。当媒体平台间的差异程度较大时，随着竞争的激烈，平台进行纵向兼并是有利可图的，而差异程度较小的平台保持独立是最佳选择。

纪汉霖和王小芳(2011)[145]利用理论建模的方法考察了用户部分多归属下双边平台纵向兼并的问题，研究发现，当平台与互补品提供商的互补程度较低时，纵向兼并下平台对消费者制定的价格降低，互补品价格上升，而平台获得较纵向分离结构更高的利润，平台有进行纵向兼并的内在激励。此外，当竞争平台中一个平台采取纵向兼并时，平台利润高于纵向分离下平台和互补品提供商的利润之和。

对于横向兼并的研究，Anderson 和 Gans(2006)[146]分析了双边市场中媒体平台的兼并与传统单边市场中企业兼并的差别，结果表明，媒体平台间的兼并不但降低了对广告商收取的广告费用，且消费者的福利也提高了。Chandra 和 Wexler(2009)[147]认为双边平台采取兼并策略未必一定使得平台对市场中任何一边用户制定高价格，并利用加拿大 20 世纪 90 年代报纸媒体的相关数据进行了实证验证分析，其结果与得到的理论结论相符。

程贵孙等(2009)[148]分析了电视媒体平台企业横向兼并下的定价策略问题及其产生的影响。研究发现，企业兼并使得平台对广告商收取的广告费用降低，增加了广告量，提高了平台利润以及广告商户的利润。这与传统单边市场理论认为的企业间的横向兼并导致高价格，使得下游企业利润受损的观点不同。

李新义和汪浩瀚(2010)[135]以中国网络传媒业为研究背景，利用双重差分估计方法和大量的相关统计数据，实证分析了双边平台企业横向兼并下的平台定价和社会福利问题。结果发现，平台横向兼并下，对消费者收取的费用不变，而对广告商收取的费用稍有提高。另外，短期内对兼并发起方的平台利润影响不大，但从长期角度来看，平台横向兼并会使得兼并发起方的平台利润增加。最后证实了目前中国网络传媒业的横向兼并对平台发展是有利的。

从以上文献可以看出，现有文献对双边平台兼并行为的研究处于刚刚起步阶段，研究成果较少且主要聚焦于传媒产业；另外，研究角度较为分散，更多的是侧重于对单维度的分析，即或是纵向兼并分析或是横向兼并分析，对双边平台在两种不同兼并结构下的市场均衡问题进行专门对比研究的较少且没有考虑网络外部性强度对双边平台定价机制及平台竞争的影响。基于以上考虑，本书第四章通过构建纵向兼并和横向兼并下的博弈模型，讨论具有网络外部性特征的双边平台分别在不同兼并结构下的定价机制问题并对所得均衡解进行了比较分析。此外，本书还考虑了网络外部性强度对所得均衡解的影响。

2.4.3 捆绑销售

捆绑销售策略是企业经常使用并具有代表性的一种竞争策略。在传统单边市场中，大多数研究学者认为捆绑是一种掠夺性的策略行为，是反竞争的，并有损于消费者利益，应受到相关反垄断规制部门的限制。自从双边市场理论被提出以后，它就吸引了国内外学者的广泛关注，一些研究学者开始重新考虑双边市场中捆绑销售的作用，并得到了一些与传统单边市场理论视角下不同的结论。Choi(2004)[149]以美国和欧洲一些反垄断案例为背景，分析了捆绑策略对社会福利的影响和相关反垄断规制问题。他认为，捆绑销售产生的效应与网络外部性强度和产品差异的大小有关。当网络外部性强度较大，而产品差异较小时，平台采用捆绑策略会内部化网络外部性，进而提高平台利润，增加社会福利。因此，捆绑不应该被视为是反竞争的。Eisenmann 等(2006)[150]研究了双边平台的竞争策略问题。双边市场中，平台两边用户之间的网络外部性及用户归属行为等显著影响均衡价格。当竞争平台两边用户出现重叠时，平台企业可以采取捆绑策略来吸引一边用户加入平台，进而通过网络效应吸引另一边用户加入平台交易，从而获得其他平台的用户，这成为平台竞争的重要手段。

Evans(2003)[151]研究了双边平台企业的反垄断规制政策，他认为，在双边市场中，平台企业利用捆绑销售可保持或获得垄断地位，对捆绑的规制政策应从一个新的角度看待，不能片面地认为捆绑行为属于不正当竞争。Tirole(2005)[152]讨论了哪些因素使得搭售对消费者是有损害的或是有利的。他认为，搭售可以提高企业效率，不一定是反竞争的。不同于传统单边市场，双边市场中，当用户多归属时，平台可以采取搭售策略来吸引消费者，增加消费者剩余，因此，搭售不一定是对消费者有害的。

Rochet 和 Tirole(2008)[153]分析了支付卡市场上商家捆绑销售信用卡和借记卡的行为，分析表明，若不将借记卡与信用卡捆绑，借记卡的交换费太低，信用卡的费用太高，而捆绑销售则可以平衡交换费结构，提高社会福利。Chio(2010)[154]以操作系统捆绑媒体播放器(media player)为背景，分析了市场一边用户是多归属以及双边用户均为多归属时捆绑策略对平台竞争以及社会福利的影响。研究发现，用户为了获得更多的网络效应，通常会选择加入多个平台。捆绑策略会促使更多的用户转为多归属。当用户多归属时，捆绑策略提高了社会福利。当用户单归属时，社会福利降低。

Amelio 和 Jullien(2012)[155]考察了用户单归属情形下平台采用捆绑销售策略时对用户的价格补贴机制。双边市场中，平台可对一边用户设定负价格以提高用户参与。然而，当货币补贴低效或可能产生机会主义行为时，直接实施负价格并不总是可行的，捆绑策略可能有助于放松非负约束。分析表明，捆绑能提高平台两边用户规模，且消费者从垄断平台中获利，而捆绑对竞争平台有策略性效应。张凯等(2010)[156]分析了买方不同搭售偏好下双边平台采取搭售策略对平台竞争的影响。结果表明，垄断平台采取搭售策略增加了平台两边的用户规模和平台利润。竞争平台中，搭售策略提高了搭售成本较小平台的两边用户规模和平台利润。此外，平台利润和社会总福利随搭售喜好型用户比例的增加而增加。

Chao 和 Derdenger(2013)[157]研究了双边市场中平台企业采取捆绑策略下的平台定价问题。结果表明，均衡状态下，垄断平台采取捆绑策略时对两边用户制定的价格均低于无捆绑的情形。捆绑可以作为一种价格歧视工具有效协调双边市场中两边用户加入平台交易。最后他们利用便携式视频游戏市场中的相关调查数据，实证检验了上述理论结果。Shim 和 Juwon(2015)[158]分析了必需品垄断者采用捆绑策略的作用。他们构建了双边市场模型，其中平台可能对一边用户捆绑一个必需品，比如操作系统对用户捆绑媒体播放器，并对用户提供价格补贴，而对市场中的另一边软件开发商收取较高的费用。结果表明，必需品垄断平台通过对市场中用户捆绑必需品排斥竞争对手，从而提高了平台利润及社会福利。

从以上文献可以看出，现有对双边市场捆绑销售行为的研究主要聚焦于媒体、银行卡等具体平台产业，而且大多数假设用户是单归属或完全多归属的情形。然而现实生活中，双边平台上两边用户较为常见的是部分多归属，完全多归属是多归属的一种特殊情形。因而，基于以上考虑，本书第五章在用户部分多归属的条件下，分析了双边平台受非负定价约束，利用捆绑销售策略对市场一边用户进行隐性的价格补贴的情况，进一步讨论了双边平台分别采取纯捆绑和混合捆绑策略下的平台定价、用户规模及平台利润等市场均衡问题，并对两种情形下的均衡解进行了对比分析。

综上所述，近年来国内外研究学者对双边市场理论进行了大量的研究，并已取得了一些研究成果。对双边市场的基本理论建立了较为完整的框架体系，并运用双边市场理论对具体平台产业的运行机制问题进行了分析。但也应该看到，针对双边平台采取扩大平台服务范围的策略拓展用户基础的研究相对较少，存在一些不足之处且没有对其进行系统的研究。因而，从理论研究的视角来看，本研究紧扣双边平台采取扩大平台服务范围的策略，即互联互通、兼并及捆绑销售策略进行分析，并以扩大平台服务范围的大小为研究主线。首先分析平台通过互联互通为另一平台上的用户提供服务，从而扩大了平台服务用户的范围，相当于获得了对方用户资源的情形；其次分析平台横向兼并后为垄断平台上的两边用户提供服务并达成交易，进一步实现了用户规模拓展的情形；最后分析了双边平台通过捆绑销售对一边用户进行补贴，扩大服务一边用户的范围，从而吸引更多的用户加入平台交易的情形，并依次探讨了这些扩大平台服务范围的策略对用户、平台厂商以及社会产生的影响。整个研究逻辑严密，结构清晰，这就是本书第三章到第五章的内容。

2.5　本章小结

本章通过文献研究法首先对现有的国内外关于双边市场基本理论的相关研究进行了系统的回顾和总结，分析发现，学者们从不同角度对双边市场的定义给出了不同的界定方法，而交叉网络外部性是双边市场的根本特征。其次，分析了双边平台不同的分类方法，阐述了其与传统单边市场的区别。最后对双边平台采取扩大平台服务范围来拓展用户基础的策略进行了总结和评述。通过总结后发现，目前对这方面的研究相对较少，且存在一些不足之处。本书将以双边平台采取的扩大平台服务范围来拓展用户基础的策略，即互联互通、兼并和捆绑销售的策略为主要研究内容，探讨这些扩大平台服务范围的策略对用户、平台厂商以及社会产生的影响，这对平台产业在实践中的发展具有重要的理论指导价值。

第三章　双边平台的互联互通策略分析

互联互通是双边市场中的一个热点问题。互联互通是指不同平台网络间的相互连通，使得两边用户不仅可以在本平台上交易，还可以跨平台寻找合适的交易对象，这样扩大了平台服务用户的范围，使平台获得对方的用户资源，从而吸引更多的用户加入平台，实现用户基础的拓展。然而现实生活中互联的现象有时却不会发生。本章将在上一章对双边平台定价策略分析的基础上，首先对互联互通策略进行阐述；其次构建了一个双寡头平台竞争模型，其中平台技术水平影响两边用户的交易价值；最后在双寡头平台竞争且技术水平存在差异的情形下，研究了技术创新对双边平台竞争及互联互通的影响，并对互联前后平台利润和社会福利进行了分析。

3.1　策略阐述

互联互通是网络经济学中的一个重要课题。互联互通是指不同平台网络间的相互连通。平台互联互通，可以扩大并行网络的规模，扩大平台两边用户交易对象的数量和范围。由于网络效应的影响，平台互联互通能够提高用户的整体交易价值，进而增加平台的影响力和知名度，吸引更多的用户加入平台交易。平台互联互通，使平台上的信息、资源实现共享，用户只需从一个平台上接入，就可以访问互联网上的所有信息，这给消费者带来了便利。

双边市场中互联互通的性质不同于单边市场。首先，传统单边市场中，企业一般只关注市场一边消费者的数量，而双边平台则需考虑两边用户加入平台的数额。由于双边市场独特的交叉网络外部性特征，平台两边用户的发展策略是不一样的。其次，双边平台涉及两种不同类型的用户，平台互联互通扩大了平台服务用户的范围，可提高两边用户的效用，在原有价格不变的情况下相当于提高了用户的消费者剩余。但是，单边市场中企业的互联并不必然促进用户效用的提高。图 3.1 表示单边市场网络互联和双边市场平台互联的对比关系。

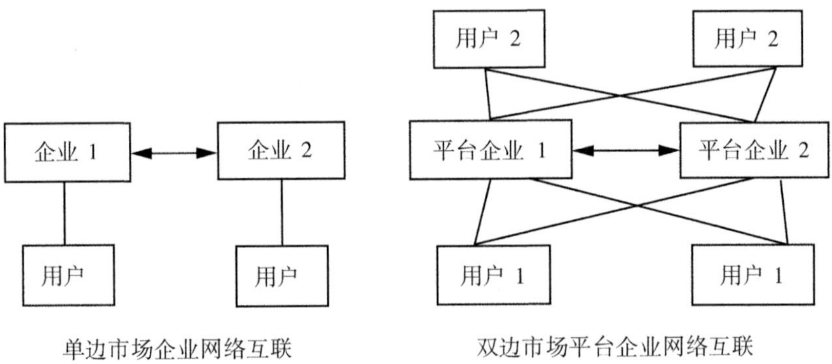

图 3.1　单边市场企业网络互联和双边市场平台企业网络互联对比

互联互通不仅扩大了平台两边用户交易对象的数量和范围，而且降低了消费者的多归属成本，优化了社会资源配置。另外，对于平台企业来说，市场上的新进入或弱势平台企业网络规模小，基础薄弱，平台上用户在网内享受的网络资源有限，因而希望通过与主导平台进行互联互通，利用强势或在位平台的资源优势，以增加对消费者的吸引力，从而比较容易地进入市场和促进竞争。所以，双边市场中的平台企业也存在互联互通的内在需求。例如，证券交易所是一个典型的双边平台。它为资产买卖双方提供了交易平台，上市公司通过加入平台发行股票筹集资金，而投资者通过购买股票扩展了其资产的投资选择范围。当越来越多的投资者将资金投入某个证券交易所时，公司上市可筹集的资金量就越大，进而可以吸引更多的公司加入此交易所上市。2014 年，上海与香港两市交易互联互通机制(以下简称沪港通)正式启动[159-160]，这是内地与香港股票交易市场的首次成功互联。沪港通的推出，使内地个人投资者可以参与境外投资，香港以及国际投资者也可以参与境内投资，加强了两地之间的金融交流合作。对于上海证券交易所来说，作为新兴市场，通过互联可以引入香港证券交易所上的国际投资者，能够进一步优化市场投资者结构，有助于内地金融市场的规范化发展。而对于香港证券交易所来说，作为一个较为成熟的市场，沪港通使得大量内地民间资本进入香港，促进了人民币国际化，有助于巩固和深化香港国际金融中心地位。

此外，互联互通较为成功的例子是我国银行卡的互联，这极大地促进了我国银行卡产业的飞速发展[161]。自 20 世纪 80 年代我国发行第一张银行卡，到 1993 年底，全国各大银行总发卡数量超过 400 万张，持卡交易额多达 2000 亿人民币。当时各大商业银行作为相互竞争者，发行银行卡主要是为了发展本行业务，各行有各自独立封闭的收单网络，所以 ATM、POS 机等交易设备只兼容本行银行卡使用，难以实现互联互通。这虽然增强了对用户的控制力，但同时也导致网络资源浪费，不利于整个产业的健康发展。此外，由于收单市场的成本较高，规模较大的银行往往不愿意与小银行互联，将自己收单市场的优势资源与其他银行共享，如 ATM 后台网络等，而小银行利用大银行的收单市场则可以较为容易地进入市场。

1994 年，在中国人民银行的带领下，我国银行产业启动了“金卡工程”，开始逐步建立各地商业银行的互联互通。2002 年 3 月，由中国人民银行批准，成立了股份制金融机构——中国银联，实现了我国银行卡全面的互联互通，建立了统一的银行卡信息交换网络。到 2003 年底，持卡交易额较 2001 年翻两番，充分说明了互联互通的重要意义。

然而现实经济生活中，平台间互联的现象有时却不会发生，部分产业中的强势或在位平台网络规模大、实力强，所占份额很大，出于对自身利益的保护，为了排挤竞争对手，往往并不愿意与弱势平台进行互联，将自己的网络资源与竞争对手共享。例如求职者为了获得更多的求职机会，需要到两个或多个大型网络招聘平台上注册并发布自己的简历信息，对于招聘企业也是一样。如果这些招聘平台实现互联互通，则求职者只需在一家招聘平台上发布求职信息。其他的双边平台还有中国移动和中国联通等，这些平台中实现互联的平台企业较少。

另外，值得注意的是，双边平台一般具有两个主要功能：①匹配双边用户，使之交易；②采取不同的方式策略，提高交易质量。因此，平台上一边用户的效用不仅取决于加入该平台的另一边用户的数量，即交叉网络效应，也取决于平台促进交易的能力，即平台技术的有效性。例如，Google 作为搜索用户和内容网站的中介平台，通过改进信息搜索技术，提供与用户查询最相关的结果，使得越来越多的用户愿意使用这个平台搜索相关信息内容。与此同时，网站上的广告被搜索、点击的概率也就越大，进而给网站带来的潜在收益也就越大，平台上为用户提供信息的内容提供商也就越多。类似地，房地产经纪人通过改进平台技术，可使卖家能充分展示房屋性能，买家能有效发现和评估感兴趣的房源。此外，淘宝网为了解决消费者和商家的网络支付安全问题，实现了支付工具的技术突破，“支付宝”的出现不仅降低了买卖双方的交易风险，保障了双方用户的合法权益，也为淘宝网在网络购物平台中的地位奠定了坚实的基础。这些例子均说明技术创新已成为双边平台在激烈的市场竞争中生存和发展的重要影响因素之一。平台的技术水平越高，越容易满足用户的多样化需求，进而影响其决策行为，吸引更多的用户聚集到平台上进行交易，增加用户对平台的黏性。因此，当双边平台进行互联互通时，平台间用户规模的差异性降低了，技术成为唯一有意义的区别，从而加强了平台间的竞争。

与以往的研究文献主要关注如何设计高效互联或考虑接入费问题不同，本章主要研究当双寡头平台竞争且技术水平存在差异时，技术创新对平台互联互通的影响。通过对互联前后平台利润、用户规模和社会福利的对比分析，考察技术创新在平台互联互通决策中的作用，进而得出相关结论。为了讨论这个问题，本章构建了一个博弈模型，其中，技术在平台价值中起着核心作用。

3.2　模型建立

假设某一双边市场存在两个平台 $k(k=1, 2)$，分别位于线段[0, 1]的两端，平台间的技术水平有差异，它们同时向两边用户提供服务，两边用户 $i(i=b, s)$ 分别记为买方和卖方，且在线段上连续均匀分布。假设两个平台给予每边用户的内在收益相同均为 v_0，且 v_0 足够大，以至于线段[0, 1]上的用户都至少到一个平台上进行交易，即市场完全覆盖。假设两边最终用户均为单归属，即最多只能选择加入一个平台，且用户规模均标准化为单位1。两边用户间的交叉网络外部性相同，均为 α，其含义为平台一边用户从另一边用户获得的外部收益。假设用户在两个平台上能够搜索到交易对象并成功进行交易的概率分别为 λ_1，λ_2，$\lambda_1, \lambda_2 \in (0, 1)$，将每个用户在平台上的交易次数正则化为单位1，则其在本平台上参与交易的次数为 λ_k，跨平台进行交易的次数为 $1-\lambda_k$。用消费者的偏好类型 θ_b，θ_s 分别表示买方和卖方，且用户是异质的，假设 θ_b，θ_s 在[0, 1]范围内均匀分布，则边 i 用户加入平台 k 的净效用为：

$$u_{ik} = v_0 + \theta_i t_k + t_k \alpha n_{\hat{i}k} - p_{ik} \tag{3.1}$$

其中，$n_{\hat{i}k}$ 为边 i 用户加入平台 k 时另一端边 $\hat{i}$ 用户选择平台 k 的实际数量，$i \neq \hat{i}$；t_k 表示平台 k 的技术水平；p_{ik} 表示平台向双边用户收取的交易费。

式(3.1)给出的效用函数反映了关于用户交易价值的几个重要特征。首先，包含交叉网络效应，即一边用户效用随着加入该平台交易的另一边用户数量的增加而增加。其次，明确地表明了技术水平影响用户的价值，平台的功能主要是匹配和促进交易，技术水平与用户数量的乘积形式意味着技术水平影响用户每一次的交易价值。最后，技术水平与用户偏好类型的乘积关系给出了交易价值“质量”的含义，偏好高技术的用户将获得较高的边际价值，使模型成为垂直差异模型[81, 83]，这样的模型在有关双边市场的文献中较为常见。下节中，利用模型分析技术创新对双寡头平台企业间的竞争和互联互通的影响。

3.3　模型分析

3.3.1　平台无互联

先考虑两个平台竞争无互联的情形，平台 1 和 2 的技术水平分别为 t_1、t_2，不失一般性，假设 $t_1 > t_2$，即平台 1 的技术水平相对较高，其中高技术平台服务两边的高端用户，定义 $r = t_2/t_1$。两边用户均为单归属，存在 $n_{b_1} + n_{b_2} = 1$，$n_{s_1} + n_{s_2} = 1$。每个用户都会比较到两个平台上交易的净收益，并最终决定在哪个平台上进行交易。则边 i 用户加入平台 1、2 的效用函数分别为：

$$
\begin{aligned}
u_{i_1} &= v_0 + \theta_i t_1 + t_1 \alpha n_{\hat{i}_1} - p_{i_1} \\
u_{i_2} &= v_0 + (1 - \theta_i) t_2 + t_2 \alpha n_{\hat{i}_2} - p_{i_2}
\end{aligned}
\tag{3.2}
$$

令 θ_b^*，θ_s^* 分别为买方与卖方加入平台 1 或平台 2 的无差异点，由式(3.2) 可得，处于无差异点 θ_b^* 和 θ_s^* 上的买方和卖方的效用满足：

$$
\theta_b^* t_1 + t_1 \alpha n_{s_1} - p_{b_1} = (1 - \theta_b^*) t_2 + t_2 \alpha n_{s_2} - p_{b_2}
$$

$$
\theta_s^* t_1 + t_1 \alpha n_{b_1} - p_{s_1} = (1 - \theta_s^*) t_2 + t_2 \alpha n_{b_2} - p_{s_2}
$$

由上式可得无差异点 θ_b^* 和 θ_s^* 为：

$$
\theta_b^* = (p_{b_1} - p_{b_2} - t_1 \alpha n_{s_1} + t_2 \alpha n_{s_2} + t_2)/(t_1 + t_2)
$$

$$
\theta_s^* = (p_{s_1} - p_{s_2} - t_1 \alpha n_{b_1} + t_2 \alpha n_{b_2} + t_2)/(t_1 + t_2)
$$

为了简化计算，便于分析，不考虑平台服务两边用户的边际成本，则两平台的利润函数分别为：

$$\begin{aligned}\pi_1 &= p_{b_1}(1-\theta_b^*) + p_{s_1}(1-\theta_s^*)\\ \pi_2 &= p_{b_2}\theta_b^* + p_{s_2}\theta_s^*\end{aligned} \tag{3.3}$$

要使上述平台利润最大化问题存在均衡解，则应满足二元函数求极值条件：

$$\begin{cases}\dfrac{\partial^2\pi_i}{\partial^2 p_{b_i}} = \dfrac{2}{(t_1+t_2)(\alpha^2-1)} < 0\\[2ex] \dfrac{\partial^2\pi_i}{\partial^2 p_{b_i}}\cdot\dfrac{\partial^2\pi_i}{\partial^2 p_{s_i}} - \left(\dfrac{\partial^2\pi_i}{\partial p_{b_i}\cdot\partial p_{s_i}}\right)^2 = \dfrac{4}{(1-\alpha^2)(t_1+t_2)^2} > 0\end{cases}$$

求解得 $0 < \alpha < 1$。

满足上面的条件时，平台利润有最大值。分别用利润函数 π_1、π_2 对价格求一阶偏导，则两平台利润最大化的必要条件为：

$$\frac{\partial\pi_i}{\partial p_{b_i}} = \frac{\partial\pi_i}{\partial p_{s_i}} = 0$$

得到价格的唯一均衡解：

$$\begin{cases}p_{b_1} = \dfrac{1}{3}t_1\alpha n_{s_1} - \dfrac{1}{3}t_2\alpha n_{s_2} + \dfrac{1}{3}t_2 + \dfrac{2}{3}t_1\\[2ex] p_{b_2} = \dfrac{1}{3}t_2\alpha n_{s_2} - \dfrac{1}{3}t_1\alpha n_{s_1} + \dfrac{1}{3}t_1 + \dfrac{2}{3}t_2\\[2ex] p_{s_1} = \dfrac{1}{3}t_1\alpha n_{b_1} - \dfrac{1}{3}t_2\alpha n_{b_2} + \dfrac{1}{3}t_2 + \dfrac{2}{3}t_1\\[2ex] p_{s_2} = \dfrac{1}{3}t_2\alpha n_{b_2} - \dfrac{1}{3}t_1\alpha n_{b_1} + \dfrac{1}{3}t_1 + \dfrac{2}{3}t_2\end{cases} \tag{3.4}$$

这一解集 $\{(p_{b_k}^*, p_{s_k}^*), k=1, 2\}$ 是关于消费者理性预期 $\{(n_{b_k}^*, n_{s_k}^*), k=1, 2\}$ 的函数，通过求解 $(1-\theta_i^*) = n_{i_1}^*$，$\theta_i^* = n_{i_2}^*$，可得：

$$\theta_i^* = (t_1 + 2t_2 - t_1\alpha)/(t_1+t_2)(3-\alpha)$$

引理 3.1(竞争均衡)　完全双寡头平台竞争，且技术水平存在差异($t_1 > t_2$)，则实现均衡时，两平台对用户的定价、市场份额和平台利润分别为：

$$
\begin{aligned}
&p_{i_1}^* = \frac{2t_1 + t_2 - t_2\alpha}{3-\alpha}, \quad n_{i_1}^* = \frac{2t_1 + t_2 - t_2\alpha}{(t_1+t_2)(3-\alpha)},\\
&\pi_1^* = \frac{2(2t_1 + t_2 - t_2\alpha)^2}{(t_1+t_2)(3-\alpha)^2},\\
&p_{i_2}^* = \frac{t_1 + 2t_2 - t_1\alpha}{3-\alpha}, \quad n_{i_2}^* = \frac{t_1 + 2t_2 - t_1\alpha}{(t_1+t_2)(3-\alpha)},\\
&\pi_2^* = \frac{2(t_1 + 2t_2 - t_1\alpha)^2}{(t_1+t_2)(3-\alpha)^2}
\end{aligned}
\tag{3.5}
$$

证明：由$(1-\theta_i^*)=n_{i_1}^*$，$\theta_i^*=n_{i_2}^*$，计算可得$n_{i_1}^*$，$n_{i_2}^*$。将上述结果代入式(3.3)和式(3.4)，可得到$p_{i_1}^*$，$p_{i_2}^*$，π_i^*。另外，

$$p_{i_1}^* - p_{i_2}^* = \frac{(t_1-t_2)(1+\alpha)}{3-\alpha},$$

$$n_{i_1}^* - n_{i_2}^* = \frac{(t_1-t_2)(1+\alpha)}{(t_1+t_2)(3-\alpha)},$$

$$\pi_1^* - \pi_2^* = \frac{2(t_1-t_2)(1+\alpha)}{3-\alpha}$$

由上式可知，每边偏好高技术的用户即$\theta_i \geqslant (t_1+2t_2-t_1\alpha)/(t_1+t_2)(3-\alpha)$的用户加入平台1，而$\theta_i < (t_1+2t_2-t_1\alpha)/(t_1+t_2)(3-\alpha)$的用户加入平台2。高技术平台向两边用户收取的交易费高于低技术平台，但其两边的用户规模和平台利润均高于低技术平台。两个平台的技术水平差异越大，则其对两边用户的定价、用户规模及平台利润等方面的差异越大。结合引理3.1，当平台2进行技术创新时，对两平台的市场份额、定价和平台利润进行比较静态分析，可得到如下结论：

命题3.1(平台技术不对称)　在引理1给出的竞争均衡下，当平台2进行技术创新时，两平台间的技术不对称降低，$r=t_2/t_1$增加，则①平台1的市场份额降低，平台2的市场份额增加；②两平台的价格均上

升；③平台 1 的利润变化不确定，而平台 2 的利润上升。

证明：根据引理 1 所得结论，有：

$$①\frac{dn_{i_1}^*}{d(t_2/t_1)}=\frac{dn_{i_1}^*}{d(t_2)}\cdot t_1=\frac{t_1^2(1+\alpha)}{(t_1+t_2)^2(3-\alpha)}<0,$$

$$\frac{dn_{i_2}^*}{d(t_2/t_1)}=\frac{t_1^2(1+\alpha)}{(t_1+t_2)^3(3-\alpha)}>0;$$

$$②\frac{dp_{i_1}^*}{d(t_2/t_1)}=\frac{\alpha-1}{\alpha-3}t_1>0,\quad \frac{dp_{i_2}^*}{d(t_2/t_1)}=-\frac{2}{\alpha-3}t_1>0;$$

$$③\frac{d\pi_2^*}{d(t_2/t_1)}=\frac{2(t_1+2t_2-t_1\alpha)(3t_1+2t_2+t_1\alpha)}{(\alpha-3)^2(t_1+t_2)^2}t_1>0,$$

$$\frac{d\pi_1^*}{d(t_2/t_1)}=\frac{2(-t_2-2t_1+t_2\alpha)(-t_2+t_2\alpha+2t_1\alpha)}{(\alpha-3)^2(t_1+t_2)^2}t_1,$$ $-t_2-2t_1+t_2\alpha<0$，所以平台 1 利润的变化与 $-t_2+t_2\alpha+2t_1\alpha$ 的大小相关。

平台 2 进行技术创新，减少了两平台间的差异，提高了用户在平台 2 的交易价值，增加了平台 2 两边的用户规模及平台利润。而平台 1 对两边用户的定价也相对升高，使得其两边的用户规模减少。平台 1 的利润变化不确定，其与两平台的技术水平差异和网络外部性的大小相关，当网络外部性较小且平台间的技术水平差异较小，即 $r>2\alpha/(1-\alpha)$ 时，平台 1 的利润增加。当网络外部性较大时，平台 1 的利润减少。在现实生活中，新进入市场的平台企业一般会进行技术创新，并提高自身的技术水平，以增强其在市场中的竞争力。

3.3.2 平台互联

前面分析了完全双寡头平台的竞争情形。对于双边平台企业，平台技术的高低也会表现在搜索匹配率上，平台为两边用户提供服务，搜索匹配率则体现了用户准确找到所需商品的效率，并对平台交易产生直接作用。随着平台的不断发展成熟，越来越多的消费者和商家加入平台交易。面对多种多样的商品，搜索匹配率的作用越来越大。本节将引入匹配率，对双边平台互联前后的均衡结果进行对比，并讨论技术创新对平台互联互通的影响。假设两个平台之间实现了用户之间的互联互通，即平台上的数据资源可以共享。互联时，一边用户在该平台上搜索合适的交易对象，若是搜索失败，则到另一平台上搜索并进行交易。假设市场上两边用户的数量足够大，以使得每边的用户最终都能够搜索到相应的交易对象从而达成交易。

两平台互联，边 1 的用户可接触到两个平台的边 2 用户，对用户而言是有益的，另一边用户规模的增加提高了本边的净效用，反之亦然。需要注意的是，即使两平台通过互联合作，也会继续设定价格竞争用户，平台企业对用户的争夺表现为一种复杂的竞合关系。在竞争中，双方通过相互连通共同扩大服务用户的范围和拓展用户基础。假设互联时，跨平台交易不受其他平台技术水平的影响，则边 i 用户加入平台 1 和 2 的效用函数分别为：

$$
\begin{aligned}
u_{i_1} &= v_0 + \theta_i t_1 + t_1\alpha(n_{\hat{i}_1} + n_{\hat{i}_2}) - p_{i_1} \\
u_{i_2} &= v_0 + (1-\theta_i)t_2 + t_2\alpha(n_{\hat{i}_1} + n_{\hat{i}_2}) - p_{i_2}
\end{aligned}
\tag{3.6}
$$

存在效用无差异点 θ_b^* 和 θ_s^*，求解可得：

$$
\begin{aligned}
\theta_b^* &= (p_{b_1} - p_{b_2} - t_1\alpha + t_2\alpha + t_2)/(t_1 + t_2) \\
\theta_s^* &= (p_{s_1} - p_{s_2} - t_1\alpha + t_2\alpha + t_2)/(t_1 + t_2)
\end{aligned}
\tag{3.7}
$$

下面考虑平台互联后的利润结构。此时平台的利润结构发生改变，对平台 1 的利润情况进行分析(平台 2 与之类似)。平台 1 的利润来源主要由三部分组成，首先，从在本平台上成功交易的两边用户收取费用；其次，平台互联后，对在本平台上没有搜索到合适的交易对象，而跨平台在平台 2 上成功交易的买方和卖方，由于其在平台 1 上注册，因此当其跨平台交易时，平台 1 向其收取费用；最后，在平台 2 上注册且没有搜索到合适的交易对象的用户，跨平台在平台 1 上成功交易时，平台 1

向其收取相应的费用以获取收入。总之，平台利润为对买方和卖方两边用户在本平台和跨平台进行交易收取的费用以及对互联平台上两边用户跨平台交易收取的费用之和，则两平台的利润函数分别为：

$$\begin{aligned}\pi_1 &= p_{b_1}(1-\theta_b^*) + p_{s_1}(1-\theta_s^*) + (1-\lambda_2)(p_{b_1}\theta_b^* + p_{s_1}\theta_s^*) \\ \pi_2 &= p_{b_2}\theta_b^* + p_{s_2}\theta_s^* + (1-\lambda_1)(p_{b_2}(1-\theta_b^*) + p_{s_2}(1-\theta_s^*))\end{aligned} \tag{3.8}$$

为了便于计算和分析，假设 $\lambda_1=\lambda_2=\lambda$，要使上述平台利润最大化问题存在均衡解，则应满足二元函数求极值条件：

$$\begin{cases}\dfrac{\partial^2\pi_i}{\partial^2 p_{b_i}} = -\dfrac{2}{(t_1+t_2)} < 0 \\ \dfrac{\partial^2\pi_i}{\partial^2 p_{b_i}}\cdot\dfrac{\partial^2\pi_i}{\partial^2 p_{s_i}} - \left(\dfrac{\partial^2\pi_i}{\partial p_{b_i}\partial p_{s_i}}\right)^2 = \dfrac{4\lambda(2-\lambda)}{(t_1+t_2)^2} > 0\end{cases}$$

求解得 $0<\lambda<2$。

同上，分别用利润函数 π_1、π_2 对价格求一阶偏导，则两平台利润最大化的必要条件为：

$$\frac{\partial\pi_i}{\partial p_{b_i}} = \frac{\partial\pi_i}{\partial p_{s_i}} = 0$$

得到均衡价格为：

$$\begin{cases}p_{i_1}^I = \dfrac{3t_1+3t_2-2\lambda t_2-\lambda t_1+\lambda\alpha t_1-\lambda\alpha t_2}{3\lambda} \\ p_{i_2}^I = \dfrac{3t_1+3t_2-\lambda t_2-2\lambda t_1-\lambda\alpha t_1+\lambda\alpha t_2}{3\lambda}\end{cases}$$

将上述均衡解代入式(3.7)，可得：

$$\theta_i^* = (t_1+2t_2-t_1\alpha)/(t_1+t_2)(3-\alpha)$$

引理 3.2 完全双寡头竞争平台互联，且技术水平存在差异($t_1>t_2$)，则实现均衡时，两平台对用户的定价、市场份额和平台利润分别为：

$$
\begin{aligned}
p_{i_1}^I &= \frac{3t_1 + 3t_2 - 2\lambda t_2 - \lambda t_1 + \lambda\alpha t_1 - \lambda\alpha t_2}{3\lambda}, \\
n_{i_1}^I &= \frac{2t_1 + t_2 - t_2\alpha + t_1\alpha}{3(t_1 + t_2)}, \\
p_{i_2}^I &= \frac{3t_1 + 3t_2 - \lambda t_2 - 2\lambda t_1 - \lambda\alpha t_1 + \lambda\alpha t_2}{3\lambda}, \\
n_{i_2}^I &= \frac{t_1 + 2t_2 - t_1\alpha + t_2\alpha}{3(t_1 + t_2)}, \\
\pi_1^I &= \frac{2(3t_1 + 3t_2 - 2\lambda t_2 - \lambda t_1 + \lambda\alpha t_1 - \lambda\alpha t_2)^2}{9\lambda(t_1 + t_2)} \\
\pi_2^I &= \frac{2(3t_1 + 3t_2 - \lambda t_2 - 2\lambda t_1 - \lambda\alpha t_1 + \lambda\alpha t_2)^2}{9\lambda(t_1 + t_2)}
\end{aligned}
\tag{3.9}
$$

证明：由$(1-\theta_i^*) = n_{i_1}^I$，$\theta_i^* = n_{i_2}^I$，计算可得$n_{i_1}^I$和$n_{i_2}^I$。将上述结果代入式(3.8)，可得到$\pi_i^I$。

另外，对两平台互联后的市场份额、平台价格和利润进行比较：

$$
p_{i_1}^I - p_{i_2}^I = \frac{(t_1 - t_2)(1 + 2\alpha)}{3}, \quad n_{i_1}^I - n_{i_2}^I = \frac{(t_1 - t_2)(1 + 2\alpha)}{3(t_1 + t_2)},
$$

$$
\pi_1^I - \pi_2^I = \frac{2(t_1 - t_2)(1 + 2\alpha)(2 - \lambda)}{3}
$$

显然有，$p_{i_1}^I > p_{i_2}^I$，$n_{i_1}^I > n_{i_2}^I$，$\pi_1^I > \pi_2^I$，说明两平台互联实现均衡时，高技术平台继续设定较高的服务价格，且两边的用户规模和平台利润仍高于低技术平台。两平台互联后，平台间的技术水平差异对平台两边用户规模及其利润的影响仍较大。

与上节中两平台竞争无互联情形所得结论进行对比分析，

从市场份额的角度，

$$
n_{i_1}^I - n_{i_1} = \frac{\alpha(t_1 - t_2)(\alpha - 1)}{3(t_1 + t_2)(\alpha - 3)} > 0, \quad n_{i_2}^I - n_{i_2} = \frac{\alpha(t_1 - t_2)(1 - \alpha)}{3(t_1 + t_2)(\alpha - 3)} < 0,
$$

从平台价格的角度，

$$p_{i_1}^I - p_{i_1} = \frac{3t_1 + 3t_2 - 2\lambda t_2 - \lambda t_1 + \lambda\alpha t_1 - \lambda\alpha t_2}{3\lambda} - \frac{2t_1 + t_2 - t_2\alpha}{3-\alpha}$$

$$\geqslant \frac{3t_1 + 3t_2 - 2\lambda t_2 - \lambda t_1 + \lambda\alpha t_1 - \lambda\alpha t_2}{3} - \frac{2t_1 + t_2 - t_2\alpha}{3-\alpha}$$

$$= \frac{1}{3(3-\alpha)}[(4\lambda\alpha - 3\lambda - 3\alpha + 3 - \lambda\alpha^2)t_1 + (6 + \lambda\alpha^2 - \lambda\alpha - 6\lambda)t_2]$$

$$= \frac{1}{3(3-\alpha)}[(1-\alpha)(3 + \lambda\alpha - 3\lambda)t_1 + (6 + \lambda(\alpha^2 - \alpha - 6))t_2]$$

由 $0 < \lambda < 1$，　$0 < \alpha < 1$，可得 $p_{i_1}^I - p_{i_1} > 0$。同理，

$$p_{i_2}^I - p_{i_2} = \frac{3t_1 + 3t_2 - \lambda t_2 - 2\lambda t_1 - \lambda\alpha t_1 + \lambda\alpha t_2}{3\lambda} - \frac{t_1 + 2t_2 - t_1\alpha}{3-\alpha}$$

$$\geqslant \frac{3t_1 + 3t_2 - 2\lambda t_2 - \lambda t_1 + \lambda\alpha t_1 - \lambda\alpha t_2}{3} - \frac{2t_1 + t_2 - t_2\alpha}{3-\alpha}$$

$$= \frac{1}{3(3-\alpha)}[(4\lambda\alpha - 3\lambda - 3\alpha + 3 - \lambda\alpha^2)t_2 + (6 + \lambda\alpha^2 - \lambda\alpha - 6\lambda)t_1]$$

可得 $p_{i_2}^I - p_{i_2} > 0$。

从平台利润的角度，

$$\pi_1^I - \pi_1 = \frac{2(3t_1 + 3t_2 - 2\lambda t_2 - \lambda t_1 + \lambda\alpha t_1 - \lambda\alpha t_2)^2}{9\lambda(t_1 + t_2)} - \frac{2(2t_1 + t_2 - t_2\alpha)^2}{(t_1 + t_2)(3-\alpha)^2}$$

$$\geqslant \frac{2(3t_1 + 3t_2 - 2\lambda t_2 - \lambda t_1 + \lambda\alpha t_1 - \lambda\alpha t_2)^2}{9(t_1 + t_2)} - \frac{2(2t_1 + t_2 - t_2\alpha)^2}{(t_1 + t_2)(3-\alpha)^2}$$

$$= \frac{2}{9(t_1 + t_2)(3 - \alpha)^2} \Big\{ [(4\lambda\alpha - 3\lambda - 3\alpha + 3 - \lambda\alpha^2)t_1 + (6 + \lambda\alpha^2 - \lambda\alpha - 6\lambda)t_2] \times [(4\lambda\alpha - 3\lambda - 3\alpha + 15 - \lambda\alpha^2)t_1 + (12 - 6\alpha + \lambda\alpha^2 - \lambda\alpha - 6\lambda)t_2] \Big\}$$

$$> 0$$

$$\pi_2^I - \pi_2 = \frac{2(3t_1 + 3t_2 - \lambda t_2 - 2\lambda t_1 - \lambda\alpha t_1 + \lambda\alpha t_2)^2}{9\lambda(t_1 + t_2)} - \frac{2(t_1 + 2t_2 - t_1\alpha)^2}{(t_1 + t_2)(3 - \alpha)^2}$$

$$\geqslant \frac{2}{9(t_1 + t_2)(3 - \alpha)^2} \Big\{ [(4\lambda\alpha - 3\lambda - 3\alpha + 3 - \lambda\alpha^2)t_2 + (6 + \lambda\alpha^2 - \lambda\alpha - 6\lambda)t_1] \times [(4\lambda\alpha - 3\lambda - 3\alpha + 15 - \lambda\alpha^2)t_2 + (12 - 6\alpha + \lambda\alpha^2 - \lambda\alpha - 6\lambda)t_1] \Big\}$$

$$> 0$$

可以发现，首先，两平台互联时平台 1 两边的用户规模较无互联时增加，而平台 2 两边的用户规模减小。其次，互联互通改变了平台的收费结构，两平台的收费水平较无互联时升高，且平台 1 的收费水平仍高于平台 2。另外，无互联时，平台的收费结构只与平台技术水平和网络外部性强度相关，而互联时，收费结构还受平台匹配率的影响。最后，从平台利润来看，两平台互联时平台利润均高于无互联时的平台利润，这说明两平台之间有互联互通的动机。

命题 3.2（互联时的技术不对称）　完全双寡头竞争平台互联实现均衡情形下，当平台 2 进行技术创新时，两平台间的技术不对称降低，$r = t_2/t_1$ 增加，则①平台 1 两边的用户规模减小，平台 2 的用户规模增加；②两平台对用户的收费均上升；③平台 2 的利润增加，而平台 1 的利润变化不确定。

证明：根据引理 3.2 所得结论，有

$$①\ \frac{\mathrm{d}n_{i_1}^I}{\mathrm{d}(t_2/t_1)}=\frac{\mathrm{d}n_{i_1}^I}{\mathrm{d}(t_2)}\cdot t_1=-\frac{t_1^2(1+2\alpha)}{3\ (t_1+t_2)^2}<0,$$

$$\frac{\mathrm{d}n_{i_2}^I}{\mathrm{d}(t_2/t_1)}=\frac{t_1^2(1+2\alpha)}{3(t_1+t_2)}>0;$$

$$②\ \frac{\mathrm{d}p_{i_1}^I}{\mathrm{d}(t_2/t_1)}=\frac{3-2\lambda-\lambda\alpha}{3\lambda}t_1>0,$$

$$\frac{\mathrm{d}p_{i_2}^I}{\mathrm{d}(t_2/t_1)}=\frac{3-\lambda+\lambda\alpha}{3\lambda}t_1>0;$$

$$③\ \frac{\mathrm{d}\pi_1^I}{\mathrm{d}(t_2/t_1)}=\frac{2(3t_1+3t_2-\lambda t_1+\lambda\alpha t_1-2\lambda t_2-\lambda\alpha t_2)}{9\lambda\ (t_1+t_2)^2}\cdot\frac{(3t_1+3t_2-3\lambda\alpha t_1-\lambda\alpha t_2-3\lambda t_1-2\lambda t_2)}{9\lambda\ (t_1+t_2)^2}$$

$$\frac{\mathrm{d}\pi_2^I}{\mathrm{d}(t_2/t_1)}=\frac{2(3t_1+3t_2-\lambda\alpha t_1+\lambda\alpha t_2-2\lambda t_1-\lambda t_2)}{9\lambda\ (t_1+t_2)^2}\cdot\frac{(3t_1+3t_2+3\lambda\alpha t_1+\lambda\alpha t_2-\lambda t_2)}{9\lambda\ (t_1+t_2)^2}t_1$$

$$=\frac{2[(3-\lambda\alpha-2\lambda)t_1+(3+\lambda\alpha-\lambda)t_2]}{9\lambda\ (t_1+t_2)^2}\cdot\frac{[(3+3\lambda\alpha)t_1+(3+\lambda\alpha-\lambda)t_2]}{9\lambda\ (t_1+t_2)^2}t_1>0$$

由于$3t_1+3t_2-\lambda t_1+\lambda\alpha t_1-2\lambda t_2-\lambda\alpha t_2>0$，所以平台 1 利润的变化与$(3t_1+3t_2-3\lambda\alpha t_1-\lambda\alpha t_2-3\lambda t_1-2\lambda t_2)$的大小相关。

互联后，两平台在网络规模上无差异，技术成了唯一的区别。平台 2 提高技术水平，使得用户在平台上进行交易的匹配效率也相应地提高，平台 2 两边的用户规模、均衡价格和平台利润均增加。而平台 1 对两边用户的均衡定价升高，使得其两边的用户规模减小，平台 1 的利润随着平台间技术不对称的降低先增加后减少，与平台 2 间的利润差距不断缩小，极大地削弱了其互联前的竞争优势，这逐渐减弱了高技术平台与低技术平台进行互联的激励，使其倾向于实施无互联。因此，互联时，随着平台2技术水平的提高，虽然对平台2是有利的，但不利于平台间进行互联互通，技术水平密切相近的竞争平台间不太可能发生互联，但互联互通可激励主导平台容纳新进入平台。

3.4　社会福利分析

在双边市场中，两个平台及加入平台交易的两边用户，三者共同组成一个经济体，相互依存，相互影响。因此，下面分析技术创新对两平台互联前后整个社会福利的影响。均衡时，社会福利为平台利润和两边用户的效用之和，即

$$W = \sum_{k=1}^{2} \pi_k + \sum_{k=1}^{2} u_{b_k} + \sum_{k=1}^{2} u_{s_k} \tag{3.10}$$

(1) 平台无互联

首先讨论两平台无互联时的社会福利，前面已经分析了平台利润。那么，该情形下两边用户的消费者剩余为：

$$\begin{aligned} \mathrm{CS} = & \int_0^{\theta_b} (v_0 + (1-\theta_b)t_2 + t_2\alpha n_{s_2} - p_{b_2})\mathrm{d}\theta_b + \\ & \int_{\theta_b}^1 (v_0 + \theta_b t_1 + t_1\alpha n_{s_1} - p_{b_1})\mathrm{d}\theta_b + \\ & \int_0^{\theta_s} (v_0 + (1-\theta_s)t_2 + t_2\alpha n_{b_2} - p_{s_2})\mathrm{d}\theta_s + \\ & \int_{\theta_s}^1 (v_0 + \theta_s t_1 + t_1\alpha n_{b_1} - p_{s_1})\mathrm{d}\theta_s \\ = & 2v_0 + \frac{2(t_1^2 + t_2^2)(-\alpha^2 + 4\alpha - 1) + t_1 t_2(2\alpha^3 - 9\alpha^2 + 8\alpha - 5)}{(\alpha-3)^2(t_1 + t_2)} \end{aligned} \tag{3.11}$$

根据前文，双寡头平台竞争无互联的情形下，均衡时平台利润为：

$$\pi_1^* = \frac{2(2t_1 + t_2 - t_2\alpha)^2}{(t_1 + t_2)(3 - \alpha)^2}, \qquad \pi_2^* = \frac{2(t_1 + 2t_2 - t_1\alpha)^2}{(t_1 + t_2)(3 - \alpha)^2}$$

将上面的结果和式(3.11) 代入式(3.10)，可计算得到社会总福利为：

$$W = 2v_0 + \frac{4(t_1^2 + t_2^2)(\alpha + 2) + t_1t_2(2\alpha^3 - 9\alpha^2 - 8\alpha + 11)}{(\alpha - 3)^2(t_1 + t_2)}$$

命题3.3　完全双寡头平台竞争，且技术水平存在差异($t_1 > t_2$)，则实现均衡时，社会总福利与网络外部性强度正相关，而技术创新对社会总福利的影响不确定。

证明：
$$\frac{dW}{d\alpha} = \frac{2[(t_1^2 + t_2^2)(-2\alpha - 14) + t_1t_2(\alpha^3 - 9\alpha^2 + 31\alpha + 1)]}{(\alpha - 3)^3(t_1 + t_2)} < 0,$$

$$\frac{dW}{d(t_2/t_1)} = \frac{2[t_1^2(2\alpha^3 - 9\alpha^2 - 12\alpha + 3) + t_2^2(4\alpha + 8) + t_1t_2(8\alpha + 16)]}{(\alpha - 3)^2(t_1 + t_2)^2}$$

完全双寡头平台竞争时，消费者剩余和社会福利与网络外部性强度负相关。当平台 2 进行技术创新时，两平台间的技术不对称程度降低，研究发现，消费者剩余和社会总福利的变化不确定，其还受网络外部性强度的影响。

(2) 平台互联

互联时，两平台上双边用户的消费者剩余为：

$$\begin{aligned}
CS^I = &\int_0^{\theta_b}(v_0 + (1 - \theta_b)t_2 + t_2\alpha - p_{b_2})d\theta_b \\
&+ \int_{\theta_b}^1(v_0 + \theta_b t_1 + t_1\alpha - p_{b_1})d\theta_b \\
&+ \int_0^{\theta_s}(v_0 + (1 - \theta_s)t_2 + t_2\alpha - p_{s_2})d\theta_s \\
&+ \int_{\theta_s}^1(v_0 + \theta_s t_1 + t_1\alpha - p_{s_1})d\theta_s
\end{aligned}$$

$$= 2v_0 + \frac{(t_1^2 + t_2^2)(\lambda\alpha^2 + 10\lambda\alpha + 16\lambda - 18)}{9\lambda(t_1 + t_2)} + \frac{t_1 t_2(-2\lambda\alpha^2 + 16\lambda\alpha + 31\lambda - 36)}{9\lambda(t_1 + t_2)} \tag{3.12}$$

根据前文，双寡头平台互联情形下，均衡时平台利润为：

$$\pi_1^I = \frac{2(3t_1 + 3t_2 - 2\lambda t_2 - \lambda t_1 + \lambda\alpha t_1 - \lambda\alpha t_2)^2}{9\lambda(t_1 + t_2)},$$

$$\pi_2^I = \frac{2(3t_1 + 3t_2 - \lambda t_2 - 2\lambda t_1 - \lambda\alpha t_1 + \lambda\alpha t_2)^2}{9\lambda(t_1 + t_2)}$$

将上面的结果和式(3.12)代入式(3.10)，可得该情形下的社会总福利为：

$$W^I = 2v_0 + \frac{1}{9\lambda(t_1 + t_2)}[(t_1^2 + t_2^2)(4\lambda^2\alpha^2 + 4\lambda^2\alpha + 10\lambda^2 + \lambda\alpha^2 + 10\lambda\alpha - 20\lambda + 18) + t_1 t_2(16\lambda^2 - 8\lambda^2\alpha^2 - 8\lambda^2\alpha - 2\lambda\alpha^2 + 16\lambda\alpha - 41\lambda + 36)]$$

命题 3.4　完全双寡头平台互联实现均衡情形下，当平台 2 进行技术创新时，平台匹配率提高，社会总福利与平台匹配率负相关，而技术创新对社会总福利的影响变化不确定。

证明：

$$\frac{\mathrm{d}W^I}{\mathrm{d}\alpha} = \frac{2[(t_1^2 + t_2^2)(4\lambda\alpha + 2\lambda + \alpha + 5) - t_1 t_2(8\lambda\alpha + 4\lambda + 2\alpha - 8)]}{9(t_1 + t_2)},$$

$$\frac{\mathrm{d}W^I}{\mathrm{d}\lambda} = \frac{2(t_1^2 + t_2^2)(2\lambda^2\alpha^2 + 2\lambda^2\alpha + 5\lambda^2 - 9)}{9\lambda^2(t_1 + t_2)} + \frac{2t_1 t_2(-4\lambda^2\alpha^2 - 4\lambda^2\alpha + 8\lambda^2 - 18)}{9\lambda^2(t_1 + t_2)}$$

$$\frac{\mathrm{d}W^I}{\mathrm{d}(t_2/t_1)} = \frac{2}{9\lambda\ (t_1 + t_2)^2}[t_1^2(-12\lambda^2\alpha^2 - 12\lambda^2\alpha + 6\lambda^2 - 3\lambda\alpha^2 + 6\lambda\alpha - 21\lambda + 18) + t_2^2(4\lambda^2\alpha^2 + 4\lambda^2\alpha + 10\lambda^2 + \lambda\alpha^2 + 10\lambda\alpha - 20\lambda + 18)$$

$$+ t_1t_2(8\lambda^2\alpha^2 + 8\lambda^2\alpha + 20\lambda^2 + 2\lambda\alpha^2 + 20\lambda\alpha - 40\lambda + 36)]$$

两平台互联，消费者剩余和社会总福利较互联前的变化不确定。互联后，消费者剩余和社会总福利与网络外部性正相关；而平台匹配效率的提高，会增加消费者剩余，降低社会总福利。当平台 2 进行技术创新时，两平台间的技术不对称程度降低，由于各个变量间的相互作用，社会总福利的变化更为复杂，较难确定其最终变化。

3.5 本章小结

双边平台互联互通是双边市场的核心问题之一。在现实经济生活中，平台间的技术水平一般是存在差异的，部分强势或在位平台往往并不愿意与弱势平台进行互联，互联的现象有时不会发生。本章研究的主要目的是考察技术创新对平台间竞争和互联互通的影响，得到如下主要结论：

无互联时，高技术平台对两边用户的定价高于低技术平台，且获得较高的平台利润。低技术平台进行技术创新增加了其两边的用户规模和平台利润，提高了其在市场中的竞争力。这可以用来解释一些新进入的电子商务平台企业通过技术创新，以提高市场竞争力的现象。而高技术平台两边的用户规模减小，平台利润变化不确定，且与两平台间的技术水平差异及网络外部性强度的大小相关。互联时，当平台间的技术水平存在显著差异时，两平台利润较无互联时均增加，平台间有互联的动机。低技术平台进行技术创新使得其两边的用户规模及平台利润增加，而高技术平台的用户规模减小，平台利润随着平台间技术不对称的降低先增加后减少，极大地削弱了其互联前的竞争优势。因而减弱了高技术平台互联的激励。这可用来说明为什么现实生活中技术水平密切相近的竞争平台间互联的现象不常发生。

第四章　双边平台的兼并策略分析

近年来平台的兼并行为日益增多，兼并已成为企业做大做强的有效途径。上一章分析了双边平台通过采用互联互通策略扩大了平台的服务范围，使平台获得了对方的用户资源，拓展了用户基础。本章分析双边平台采取的兼并策略，其中，横向兼并使得两边用户均在兼并后的垄断平台上进行交易。相较互联互通，兼并策略更进一步扩大了平台服务用户的范围。本章首先对兼并策略进行了简要阐述，然后，通过构建一个博弈模型，探讨了双边平台分别在纵向兼并和横向兼并下的定价机制问题并对不同兼并结构下的市场均衡进行了比较分析。此外，本章还考察了网络外部性强度对不同情形下市场均衡的影响。

4.1　策略阐述

伴随着我国经济的发展，大大小小的平台企业蓬勃崛起并不断成熟，同时随着经济全球一体化的推进，我国企业逐步融入世界经济环境中。由于在全球化经济贸易中面对着日趋激烈的竞争压力，近些年来，国内外企业掀起了兼并的浪潮，企业间兼并重组的活动层出不穷，如盛大收购浩方、分众传媒收购聚众、搜狐收购 Chinaren，美国在线收购时代华纳、亚马逊兼并卓越等。兼并的浪潮可以促使一些大公司快速成长为巨型企业，改变市场结构，并对社会经济的发展产生重要影响。因而，企业兼并一直受到学术界以及企业界的密切关注。

兼并(merger)，是指两家或多家独立的企业、公司通过现金或股票购买等有偿产权转让的方式，合并组成一家新的企业。一般是由一家占优企业将其他企业并入本企业中，使被吸收企业丧失独立身份，同时获取其财产、决策控制权以及其他权利的经济行为[162]。从经济学的角度看，企业兼并的形式主要可分为两种：横向兼并和纵向兼并。前者是指生产、经营同类产品的企业间的兼并，横向兼并可以改变市场结构，减少竞争者的数量，有效减弱企业间的竞争趋势，同时能够迅速扩大企业的生产规模及市场份额，实现规模经济[163]。后者是指同一类产品不同生产阶段的企业间的兼并，即进行兼并的企业是处于产业链前后关联的环节。纵向兼并可以降低企业的成本及交易费用，增加企业对整个产业链的操控能力[164-166]。

双边市场中的兼并行为与互联互通行为具有一些共同性与差异性。首先，兼并与互联互通均是双边平台企业为了增加平台的影响力，吸引更多用户加入平台交易，进而提高市场份额或者为了形成市场进入壁垒等而采取的竞争策略。其次，它们之间也是有差别的。企业兼并会出现兼并企业之间的资产重组及产权接管等问题，而互联互通是双边平台企业经过互相协商而达成的数据资源共享行为，不会对平台之前的运营管理等产生影响。最后，两平台进行互联产生跨网交易时，通常需要向互联平台支付接入费用，而这一般是由平台运营商承担。相对于互联互通，兼并后的企业将形成新的市场格局，平台之间不再收取任何接入费用。

兼并是企业做大做强的有效途径，一直是产业经济学和企业管理学研究的重要问题。早在20世纪60年代，就有经济学者就对企业兼并的动机和效应等理论进行了分析。进入80年代以来，随着企业的不断成长和市场集中发展趋势的出现，兼并成为企业应对外部竞争环境的重要战略方式之一，引起了各界研究学者的关注。传统单边市场理论认为，横向兼并使企业节约了成本，增强了市场集中度，但通常会促使产品价格升高，进而降低消费者剩余，使下游企业的利润降低，损害社会福利。对于纵向兼并，有些学者认为它消除了上下游企业之间双重加价导致的市场价格扭曲，使得最终产品的价格降低，增加了社会总福利；而有些学者则认为纵向兼并导致纵向圈定，增强了兼并企业的市场势力，使得最终产品的价格升高，不利于消费者。

不同于传统单边市场结构，双边市场结构的复杂性和特殊性给平台企业的策略选择行为带来了新的思考。双边市场中，平台的兼并行为可以消除兼并产品间的不兼容性，扩大平台规模，但也未必一定会提高产品价格，使消费者剩余降低。当双边平台通过一些市场手段难以吸引更多的用户加入平台交易时，平台会选择和市场一边用户进行纵向一体化，可以加强与平台所提供基础产品或服务相匹配和互补的产品供给，从而达到锁定用户的目的[167]。因而，双边平台企业存在纵向兼并的需求。比如，美国在线收购时代华纳，是典型的纵向兼并行为。美国在线作为美国最大的在线服务平台，其一边的时代华纳是具有丰富内容的网络内容提供商，另一边是消费者。纵向兼并实现了资源优势互补的效应，消费者通过在线平台可以很方便地选择自己喜欢的新闻娱乐节目等内容以及购买唱片、杂志等产品。这项兼并不仅使两家企业受惠，而且为消费者提供了便利，提高了消费者的效用，能够进一步增加消费者的忠实度。

与纵向兼并相比，横向兼并是平台企业成长、实现扩张的重要方式之一，可以迅速扩大市场规模，实现规模经济，因而也受到了各大平台企业的广泛青睐。比如优酷网与土豆网合并。优酷网和土豆网都是为用户提供影视、综艺等视频资源的媒体平台，也是互联网拍客展示自己影视作品的聚集地。2012 年，双方正式合并后，实现了资源共享，降低了重叠成本，吸引了更多的用户和广告商加入平台。到 2013 年底，合并后的优酷土豆净收入大幅上涨，增强了市场竞争力。还有其他兼并案例，如滴滴打车与快的打车合并以及携程网与去哪儿网合并等。横向兼并不但促进企业发挥规模经济与协同效应，而且也是企业追求市场势力的结果，但企业兼并也可能阻碍竞争。

那么，在具有网络外部性特征的双边市场中，企业兼并策略必然会提高平台利润吗？不同兼并结构对于双边平台企业定价策略的影响有何不同？是否会导致垄断势力的产生？规制部门对双边市场中的兼并策略应该采取怎样的政策措施？这些问题有待展开新的讨论。因此，本章通过构建纵向兼并和横向兼并结构下的博弈模型，分析具有网络外部性特征的双边平台企业在不同兼并结构下的定价机制问题及其对平台竞争的影响，并对所得均衡解进行了比较分析，同时考察了网络外部性强度对不同兼并结构下市场均衡的影响。

4.2 模型构建

考虑在双边市场中存在两个平台 $A_k(k=1, 2)$，它们同时向两边用户$(i=u, s)$提供服务，一边为消费者，另一边为互补品提供商，假设两平台 A_1、A_2 分别有相应的互补品提供商 B_1、B_2，且消费者和互补品提供商均为单归属，即只能选择参与到一个平台进行交易。平台通过一定的策略同时连接消费者和互补品提供商，互补品提供商通过加入平台向消费者提供产品，而消费者通过加入平台购买相应的互补品，两边用户间网络外部性强度为 α。平台 A_k 对消费者收取的接入价格为 p_{k_u}，对互补品提供商 B_k 制定的接入费用为 s_k，而互补品提供商 B_k 对消费者收取的产品价格为 p_{k_s}。

在建立模型之前，为了便于分析，做如下基本假设：

(1)平台对互补品提供商和消费者只收取接入费，而不收取交易费或其他费用。

(2)不考虑平台和互补品提供商的服务成本及其他成本。平台企业为两边用户实现交易提供的服务成本以及平台维持正常运营的生产成本等费用可不考虑。因为前者一般相对较小，例如，网络购物平台上消费者搜索商品并最终实现交易时，平台对于支持两边用户交易花费的技术成本费用相对较低，可忽略不计；而平台正常运营所产生的成本费用不是本章所分析考虑的影响因素。

(3)假设两边用户均为“单归属(single-homing)”的情形。例如，一般购房者为了使自身效用最大化，通常会同时在多家房屋中介进行注册登记，以寻找更多好的房源，并进行对比。同时卖房者也会在多个房屋中介平台上登记，以提高成功交易的概率。本章考虑的是两边用户均为单归属的情形，即市场一边用户选择加入一个平台进行交易。

考虑到双边市场中两边用户间的网络外部性，假设消费者对平台和互补品产品的线性需求函数为：

$$\begin{cases} q_{k_u} = 1 - p_{k_u} - p_{k_s} + p_{j_u} + \alpha q_{k_s}^e \\ q_{k_s} = 1 - p_{k_u} - p_{k_s} + p_{j_s} + \alpha q_{k_u}^e \end{cases} \quad (k \neq j,\ j = 1,\ 2) \tag{4.1}$$

其中，q_{k_u} 表示消费者加入平台 A_k 的用户规模，q_{k_s} 表示平台 A_k 上最终用户对互补品产品的消费数量，即互补品提供商提供的产品数量。$q_{k_s}^e$，$q_{k_u}^e$ 分别为两边用户对双方市场规模的预测，根据可实现预期方法[168]，有 $q_{k_u}^e = q_{k_u}$，$q_{k_s}^e = q_{k_s}$。

从上面的表达式可以得到，平台 A_k 上消费者的接入规模(q_{k_u})不仅与其加入该平台的价格及购买互补品产品的价格负相关，而且与另一平台对消费者制定的价格正相关，与互补品产品数量正相关，具体影响程度由两边用户间的网络外部性参数 α 决定。

同理，平台 A_k 上消费者对互补品产品需求数量的表达式含义也与此类似。

下面根据平台可采取的兼并策略：纵向兼并和横向兼并，对不同兼并结构下的平台定价、用户规模及利润的均衡解进行对比分析。

4.3　模型分析

4.3.1　两平台竞争无兼并

首先讨论两平台没有展开兼并活动时在市场中的竞争情形。联合式

(4.1) 给出的方程，计算可得，边 i 用户在两平台上的用户规模分别为：

$$\begin{cases} q_{1_u} = \dfrac{p_{2_u} - p_{1_u} - p_{1_s} + \alpha p_{2_s} - \alpha p_{1_u} - \alpha p_{1_s} + 1 + \alpha}{1 - \alpha^2}, \\ q_{1_s} = \dfrac{p_{2_s} - p_{1_u} - p_{1_s} + \alpha p_{2_u} - \alpha p_{1_u} - \alpha p_{1_s} + 1 + \alpha}{1 - \alpha^2}, \\ q_{2_u} = \dfrac{p_{1_u} - p_{2_u} - p_{2_s} + \alpha p_{1_s} - \alpha p_{2_u} - \alpha p_{2_s} + 1 + \alpha}{1 - \alpha^2}, \\ q_{2_s} = \dfrac{p_{1_s} - p_{2_u} - p_{2_s} + \alpha p_{1_u} - \alpha p_{2_u} - \alpha p_{2_s} + 1 + \alpha}{1 - \alpha^2} \end{cases}$$

此时，平台 A_k 的利润函数为对消费者和互补品提供商收取的接入费用之和：

$$\pi_{A_1} = p_{1_u} q_{1_u} + s_1 q_{1_s}, \quad \pi_{A_2} = p_{2_u} q_{2_u} + s_2 q_{2_s} \tag{4.2}$$

互补品提供商的利润函数为：

$$\pi_{B_1} = (p_{1_s} - s_1) q_{1_s}, \quad \pi_{B_2} = (p_{2_s} - s_2) q_{2_s} \tag{4.3}$$

要使上述平台利润最大化问题存在均衡解，则应满足二元函数求极值条件：

$$\begin{cases} \dfrac{\partial^2 \pi_{A_k}}{\partial^2 p_{k_u}} = \dfrac{2}{\alpha - 1} < 0 \\ \dfrac{\partial^2 \pi_{A_k}}{\partial^2 p_{k_u}} \cdot \dfrac{\partial^2 \pi_{A_k}}{\partial^2 p_{k_s}} - \left(\dfrac{\partial^2 \pi_{A_k}}{\partial p_{k_u} \partial p_{k_s}} \right)^2 = \dfrac{3}{(\alpha - 1)^2} > 0 \end{cases}$$

求解得 $0 < \alpha < 1$。

满足上面的条件，则平台利润有最大值。此时，两平台的行动时序为两阶段博弈：首先第一阶段，平台对互补品提供商制定接入费用 s_1 和 s_2，由互补品提供商决定是否加入该平台；第二阶段，互补品提供商根据 s_k 来决定对消费者收取的产品价格 p_{k_s}，同时平台确定对消费者的接入价格 p_{k_u}。

采取逆向归纳法。先分析第二阶段，在平台对互补品提供商收取的接入费用既定的条件下，能够计算得到平台和互补品提供商利润最大化时对消费者的定价，分别用利润函数 π_{A_k}、π_{B_k} 对价格 p_{k_u}，p_{k_s} 求一阶偏导，则两平台利润最大化的必要条件为：

$$\frac{\partial \pi_{A_k}}{\partial p_{k_u}} = 0, \quad \frac{\partial \pi_{B_k}}{\partial p_{k_s}} = 0$$

联立上面的最优反应函数，从中可求出 p_{k_u} 和 p_{k_s} 的均衡解为：

$$\begin{cases} p_{1_u} = -\dfrac{-s_2\alpha^2 + s_1\alpha^2 - 2\alpha + 2s_1\alpha + s_1 + s_2}{4\alpha}, \\ p_{1_s} = \dfrac{-s_2\alpha^2 + s_1\alpha^2 + 2\alpha + 2s_1\alpha + s_1 + s_2}{4\alpha}, \\ p_{2_u} = \dfrac{-s_2\alpha^2 + s_1\alpha^2 + 2\alpha - 2s_2\alpha - s_1 - s_2}{4\alpha}, \\ p_{2_s} = -\dfrac{-s_2\alpha^2 + s_1\alpha^2 - 2\alpha - 2s_2\alpha - s_1 - s_2}{4\alpha} \end{cases} \tag{4.4}$$

将式(4.4)代入式(4.2)，在博弈第一阶段，求解$\dfrac{\partial \pi_{A_k}}{\partial s_k} = 0$，得到平台对互补品提供商制定的最优接入费为：

$$s_1^d = s_2^d = \frac{\alpha(\alpha - 1)}{\alpha^2 - 4\alpha - 1} \tag{4.5}$$

在 $\alpha \in (0, 1)$ 的条件下，将 s_k^d 代入式(4.4)，可得对称均衡时平台和互补品提供商对消费者的价格分别为：

$$p_{1_u}^d = p_{2_u}^d = -\frac{2\alpha}{\alpha^2 - 4\alpha - 1}, \quad p_{1_s}^d = p_{2_s}^d = \frac{\alpha^2 - 2\alpha - 1}{\alpha^2 - 4\alpha - 1} \tag{4.6}$$

消费者加入平台的用户规模和对互补品产品的需求规模分别为：

$$q_{1_u}^d = q_{2_u}^d = -\frac{\alpha(\alpha - 3)}{(\alpha^2 - 4\alpha - 1)(\alpha - 1)},$$

$$q_{1_s}^d = q_{2_s}^d = \frac{\alpha + 1}{(\alpha^2 - 4\alpha - 1)(\alpha - 1)}$$

平台和互补品提供商的利润分别为：

$$\pi_{A_1}^d = \pi_{A_2}^d = \frac{\alpha(3\alpha^2 - 6\alpha - 1)}{(\alpha^2 - 4\alpha - 1)^2(\alpha - 1)},$$

$$\pi_{B_1}^d = \pi_{B_2}^d = -\frac{\alpha^2 + 2\alpha + 1}{(\alpha^2 - 4\alpha - 1)^2(\alpha - 1)}$$

命题4.1　对称均衡下，当$\alpha \in (0, 1)$时，两平台对消费者和互补品提供商收取的接入价格($p_{k_u}^d$，s_k^d) 均为正，且价格受网络外部性强度的影响。

命题4.1表明，两平台对消费者和互补品提供商收取的接入费用受网络外部性α的影响，且平台对互补品提供商的接入费用低于对消费者的接入费用($s_k^d < p_{k_u}^d$)，以激励互补品提供商加入平台为消费者提供互补产品，互补品提供商的产品数量高于消费者加入平台的规模。

经计算，

$$\frac{\partial p_{k_u}}{\partial \alpha} = \frac{2(\alpha^2 + 1)}{(\alpha^2 - 4\alpha - 1)^2} > 0,\quad \frac{\partial p_{k_s}}{\partial \alpha} = -\frac{2(\alpha^2 + 1)}{(\alpha^2 - 4\alpha - 1)^2} < 0,$$

$$\frac{\partial p_{k_u}}{\partial \alpha} = \frac{2(\alpha^2 + 1)}{(\alpha^2 - 4\alpha - 1)^2} > 0,\quad \frac{\partial p_{k_s}}{\partial \alpha} = -\frac{2(\alpha^2 + 1)}{(\alpha^2 - 4\alpha - 1)^2} < 0,$$

$$\frac{\partial \pi_{A_k}}{\partial \alpha} = -\frac{6\alpha^5 - 21\alpha^4 + 26\alpha^3 - 4\alpha^2 + 8\alpha + 1}{(\alpha - 1)^2(\alpha^2 - 4\alpha - 1)^2} > 0$$

这说明随着网络外部性强度的增大，互补品提供商对消费者的产品定价降低，为消费者提供的产品数量增加，以吸引更多的消费者加入平台购买互补品，因而，消费者加入平台的数量增加，平台对消费者的定价逐渐升高，使得平台利润增加。因此，两边用户间的网络外部性强度越大，两平台所获得的利润越多。

4.3.2　两平台纵向兼并

考虑两平台与互补品提供商纵向兼并的情形。此时，平台不再对互补品提供商收取接入费，即$s_k = 0$，平台的纵向兼并对消费者的需求函数并无影响，即与前面式(4.1)相同。

纵向兼并后平台的利润函数为平台和互补品提供商对消费者收取的接入费用和产品价格之和，即：

$$\pi_{A_1} = p_{1_u} q_{1_u} + p_{1_s} q_{1_s}, \qquad \pi_{A_2} = p_{2_u} q_{2_u} + p_{2_s} q_{2_s} \tag{4.7}$$

要使上述平台利润最大化问题存在均衡解，则应满足以下二元函数求极值条件：

$$\begin{cases} \dfrac{\partial^2 \pi_{A_k}}{\partial^2 p_{k_u}} = \dfrac{2}{\alpha - 1} < 0 \\ \dfrac{\partial^2 \pi_{A_k}}{\partial^2 p_{k_u}} \cdot \dfrac{\partial^2 \pi_{A_k}}{\partial^2 p_{k_s}} - \left(\dfrac{\partial^2 \pi_{A_k}}{\partial p_{k_u} \partial p_{k_s}} \right)^2 \geqslant 0 \end{cases}$$

求解得 $0 < \alpha < 1$。

纵向兼并下平台的利润最大化求解变为求解最优的 p_{k_u} 和 p_{k_s}，可以得到对称均衡下的价格为：

$$p_{1_u}^v = p_{2_u}^v = p_{1_s}^v = p_{2_s}^v = 1/3 \tag{4.8}$$

由式(4.8)可以看出，纵向兼并后平台对消费者的接入定价和互补品提供商对消费者的产品定价相等，且与网络外部性强度的大小无关。这是因为两平台与其对应的互补品提供商纵向兼并后，垄断了各自的产品市场，可不必考虑两边用户的网络外部性强度对定价的影响。

将式(4.8)代入需求函数中，可得到均衡状态下消费者加入平台的用户规模和对互补品产品的需求规模为：

$$q_{1_u}^v = q_{2_u}^v = q_{1_s}^v = q_{2_s}^v = \frac{2}{3(1 - \alpha)}$$

经计算，

$$\frac{\partial q_{k_u}^v}{\partial \alpha} = \frac{\partial q_{k_s}^v}{\partial \alpha} = \frac{2}{3(\alpha - 1)^2} > 0$$

可得，即使纵向兼并后平台对消费者的接入定价和产品定价独立于外部性强度，消费者加入平台的数量和购买产品的数量仍与他们之间的外部性强度密切相关，且随着网络外部性强度的增大而增加，这符合双边平台的基本特征。

两个平台纵向兼并的利润为：

$$\pi_{A_1}^{v} = \pi_{A_2}^{v} = \frac{4}{9(1-\alpha)}$$

经计算，

$$\frac{\partial \pi_{A_k}}{\partial \alpha} = \frac{4}{9(\alpha-1)^2} > 0$$

这说明，两平台纵向兼并后所获得的利润随着外部性强度的增大而增加，这与无兼并的情形是相同的。

当 $\alpha \in (0, 1)$ 时，比较两平台纵向兼并和无兼并两种结构下的均衡定价、市场份额和平台利润，进而分析纵向兼并的市场效应。两平台纵向兼并是否能够提高平台利润？是否会导致更高的接入费用和产品定价？通过比较，得到命题 4.2：

命题 4.2 对称均衡下，当 $\alpha \in (0, 1)$ 时，(i) 纵向兼并下互补品提供商对消费者的产品定价 ($p_{k_s}^{v}$) 降低，消费者加入平台的市场份额 ($q_{k_u}^{v}$) 较无互联时升高。两平台对消费者的定价和互补品产品需求数量的变化与网络外部性强度有关。(ii) 两平台纵向兼并下的平台利润高于无兼并情形。

证明：两平台是否进行纵向兼并决策的关键依据在于兼并前后平台利润是否增加，经计算，

$$\pi_{A_k}^{v} - \pi_{A_k}^{d} = -\frac{4\alpha^4 - 5\alpha^3 + 2\alpha^2 + 23\alpha + 4}{9(\alpha^2 - 4\alpha - 1)^2(\alpha - 1)} > 0$$

可得，两平台纵向兼并后平台利润高于无兼并情形。因此，平台会选择实施纵向兼并策略。另外，比较纵向兼并前后其他均衡值的变化，经计算，

$$p_{k_u}^{v} - p_{k_u}^{d} = \frac{1}{3} - \left(-\frac{2\alpha}{\alpha^2 - 4\alpha - 1}\right) = \frac{\alpha^2 + 2\alpha - 1}{3(\alpha^2 - 4\alpha - 1)}$$

纵向兼并下，平台对消费者定价的变化受网络外部性强度的影响，

当 $\alpha \leqslant 0.414$ 时，$p_{k_u}^v - p_{k_u}^d > 0$，平台对消费者的定价高于无兼并情形，反之则降低。

$$p_{k_s}^v - p_{k_s}^d = \frac{1}{3} - \left(\frac{\alpha^2 - 2\alpha - 1}{\alpha^2 - 4\alpha - 1}\right) = -\frac{2(\alpha^2 - \alpha - 1)}{3(\alpha^2 - 4\alpha - 1)} < 0,$$

$$q_{k_u}^v - q_{k_u}^d = \frac{2}{3(1-\alpha)} - \left(-\frac{\alpha(\alpha - 3)}{(\alpha^2 - 4\alpha - 1)(\alpha - 1)}\right)$$

$$= \frac{\alpha^2 - \alpha + 2}{3(\alpha^2 - 4\alpha - 1)(\alpha - 1)} > 0,$$

$$q_{k_s}^v - q_{k_s}^d = \frac{2\alpha^3 + 4\alpha^2 + 3\alpha + 1}{\alpha(1-\alpha)(8\alpha^2 + 12\alpha + 5)} - \frac{2}{3(1-\alpha)}$$

$$= -\frac{2\alpha^2 - 5\alpha + 1}{3(\alpha^2 - 4\alpha - 1)(\alpha - 1)}$$

互补品提供商对消费者的产品定价($p_{k_s}^v$)降低，消费者加入平台的市场份额($q_{k_u}^v$)较无互联时升高。消费者对互补品需求的变化也受网络外部性强度的影响，当 $\alpha \geqslant 0.220$ 时，$q_{k_s}^v - q_{k_s}^d > 0$，消费者对互补品需求高于无兼并情形，反之则降低。

由上可以看出，纵向兼并策略使得两平台降低了成本，从而互补品提供商对消费者的产品定价较无兼并时降低，吸引了更多的消费者加入平台进行交易。当网络外部性强度较小时，平台对消费者的接入费用较无兼并时升高，以增加平台利润。随着网络外部性强度的增强，平台对消费者的接入费用较无兼并时降低，为消费者提供的互补产品数量增多，从而消费者加入平台的数量增加，使得平台利润不断增加。因此，两平台有纵向兼并的激励。

4.3.3　两平台横向兼并

本小节考虑两平台横向兼并的情形，此时，平台所追求目标为联合利润的最大化，两平台的联合利润函数为：

$$\pi_A = \pi_{A_1} + \pi_{A_2} = p_{1_u}q_{1_u} + p_{2_u}q_{2_u} + s_1q_{1_s} + s_2q_{2_s} \tag{4.9}$$

互补品提供商的利润函数为：

$$\pi_{B_1} = (p_{1_s} - s_1)q_{1_s}, \quad \pi_{B_2} = (p_{2_s} - s_2)q_{2_s} \tag{4.10}$$

要使上述平台利润最大化问题存在均衡解，则应满足以下二元函数求极值条件：

$$\begin{cases} \dfrac{\partial^2 \pi_{A_k}}{\partial^2 p_{k_u}} = \dfrac{2}{\alpha - 1} < 0 \\ \dfrac{\partial^2 \pi_{A_k}}{\partial^2 p_{k_u}} \cdot \dfrac{\partial^2 \pi_{A_k}}{\partial^2 p_{k_s}} - \left(\dfrac{\partial^2 \pi_{A_k}}{\partial p_{k_u} \partial p_{k_s}}\right)^2 = \dfrac{4\alpha(\alpha + 2)}{(\alpha - 1)^2 (\alpha + 1)^2} > 0 \end{cases}$$

求解得 $0 < \alpha < 1$。

同上，采取逆向归纳法可求得对称均衡状态下互补品提供商的接入费用及平台和互补品提供商对消费者的定价为：

$$s_1^h = s_2^h = \frac{4\alpha + 8\alpha^3 + 12\alpha^2 - 1}{2\alpha(8\alpha^2 + 12\alpha + 5)},$$

$$p_{1_u}^h = p_{2_u}^h = \frac{8\alpha^3 + 10\alpha^2 + \alpha - 2}{2\alpha(8\alpha^2 + 12\alpha + 5)},$$

$$p_{1_s}^h = p_{2_s}^h = \frac{12\alpha^3 + 20\alpha^2 + 10\alpha + 1}{2\alpha(8\alpha^2 + 12\alpha + 5)}$$

经计算，

$$\frac{\partial p_{k_u}^h}{\partial \alpha} = \frac{8\alpha^4 + 32\alpha^3 + 43\alpha^2 + 24\alpha + 5}{\alpha^2 (8\alpha^2 + 12\alpha + 5)^2} > 0,$$

$$\frac{\partial p_{k_s}^h}{\partial \alpha} = -\frac{16\alpha^4 + 40\alpha^3 + 44\alpha^2 + 24\alpha + 5}{2\alpha^2 (8\alpha^2 + 12\alpha + 5)^2} < 0$$

可知，两平台横向兼并后，平台对互补品提供商制定的接入费用高于对消费者的接入费用，并补贴消费者，这与无兼并情形相反。随着网络外部性强度的增大，为了吸引消费者加入平台购买更多的互补品，互补品提供商对消费者的产品定价降低，而平台对消费者的接入费用逐渐升高。

消费者加入平台的用户规模和对互补品产品的需求规模分别为

$$q_{1_u}^h = q_{2_u}^h = \frac{8\alpha^3 + 10\alpha^2 + 3\alpha - 1}{2\alpha(1-\alpha)(8\alpha^2 + 12\alpha + 5)},$$

$$q_{1_s}^h = q_{2_s}^h = \frac{2\alpha^3 + 4\alpha^2 + 3\alpha + 1}{\alpha(1-\alpha)(8\alpha^2 + 12\alpha + 5)}$$

经计算，

$$\frac{\partial q_{k_u}^h}{\partial \alpha} = \frac{64\alpha^6 + 160\alpha^5 + 168\alpha^4 + 72\alpha^3 + 17\alpha^2 + 14\alpha + 5}{2\alpha^2(\alpha-1)^2(8\alpha^2 + 12\alpha + 5)^2} > 0,$$

$$\frac{\partial q_{k_s}^h}{\partial \alpha} = \frac{16\alpha^6 + 64\alpha^5 + 102\alpha^4 + 76\alpha^3 + 11\alpha^2 - 14\alpha - 5}{\alpha^2(\alpha-1)^2(8\alpha^2 + 12\alpha + 5)^2}$$

可得，横向兼并后，随着网络外部性强度的提高，互补品提供商对消费者的产品定价降低，消费者加入平台的数量随之增加，而消费者对互补品的需求数量的变化不确定。当 $\alpha \geqslant 0.410$ 时，消费者购买互补品的数量随之增加($\partial q_{k_s}^h/\partial\alpha > 0$)，反之则减少。

两平台横向兼并后的利润为：

$$\pi_A^h = \frac{12\alpha^3 + 16\alpha^2 + 5\alpha - 1}{2\alpha(1-\alpha)(8\alpha^2 + 12\alpha + 5)}$$

互补品提供商的利润为：

$$\pi_{B_1}^h = \pi_{B_2}^h = \frac{(2\alpha^4 + 6\alpha^3 + 7\alpha^2 + 4\alpha + 1)(2\alpha^2 + 2\alpha + 1)}{\alpha^2(1-\alpha)(8\alpha^2 + 12\alpha + 5)^2}$$

经计算，

$$\frac{\partial \pi_{A_k}^h}{\partial \alpha} = \frac{96\alpha^6 + 256\alpha^5 + 268\alpha^4 + 128\alpha^3 + 33\alpha^2 + 14\alpha + 5}{2\alpha^2(\alpha-1)^2(8\alpha^2 + 12\alpha + 5)^2} > 0$$

这说明，两平台横向兼并后所获得的利润随着外部性强度的增大而增加，这与无兼并的情形是相同的。

当 $\alpha \in (0, 1)$ 时，本章比较两平台横向兼并和无兼并两种结构下的均衡定价、市场份额和平台利润，进而分析横向兼并的市场效应。通过比较，可以得到：

命题4.3 对称均衡下，当 $\alpha \in (0, 1)$ 时，横向兼并下两平台对消费者的定价较无兼并时降低，互补品提供商对消费者的产品定价较无兼并时升高。

证明：比较横向兼并与无兼并情形下的价格变化，有：

$$p_{k_u}^h - p_{k_u}^d = \frac{8\alpha^3 + 10\alpha^2 + \alpha - 2}{2\alpha(8\alpha^2 + 12\alpha + 5)} - (-\frac{2\alpha}{\alpha^2 - 4\alpha - 1})$$

$$= \frac{8\alpha^5 + 10\alpha^4 + \alpha^3 + 4\alpha^2 + 7\alpha + 2}{2\alpha(8\alpha^2 + 12\alpha + 5)(\alpha^2 - 4\alpha - 1)} < 0,$$

$$p_{k_s}^h - p_{k_s}^d = \frac{12\alpha^3 + 20\alpha^2 + 10\alpha + 1}{2\alpha(8\alpha^2 + 12\alpha + 5)} - (\frac{\alpha^2 - 2\alpha - 1}{\alpha^2 - 4\alpha - 1})$$

$$= -\frac{4\alpha^5 + 20\alpha^4 + 28\alpha^3 + 15\alpha^2 + 4\alpha + 1}{2\alpha(8\alpha^2 + 12\alpha + 5)(\alpha^2 - 4\alpha - 1)} > 0$$

两平台横向兼并后，形成市场垄断，对互补品提供商产生纵向约束，平台对互补品提供商的定价高于对消费者的定价，因而互补品提供商对消费者的产品定价较无兼并时升高，而平台对消费者的定价降低，并补贴消费者，以吸引更多的消费者加入平台交易。

一般在单边市场的理论框架下，大多数文献认为横向兼并使得市场结构改变，竞争性的市场结构变为垄断市场结构。垄断阻碍了竞争，会导致对下游消费者的高价格低产量。而在双边市场中，平台对市场一边的消费者实施低价格。这是因为两平台横向兼并后，形成市场垄断，平台对互补品提供商制定的接入费用升高，从而互补品提供商对消费者的产品定价较无兼并时升高，此时平台为了促进两边用户在平台上实现交易，对消费者的接入费用降低，并补贴消费者。若垄断后的平台对消费者制定较高的接入费用，则会降低消费者加入平台的动机。

命题4.4 对称均衡下，当$\alpha \in (0, 1)$时，横向兼并下平台市场份额较无兼并时降低；当$\alpha \in (0, 0.572]$时，横向兼并下互补品提供商提供的产品数量较无兼并时升高，当$\alpha \in (0.572, 1)$时降低。

证明：比较横向兼并与无兼并情形下的市场份额变化，有：

$$q_{k_u}^h - q_{k_u}^d = \frac{8\alpha^3 + 10\alpha^2 + 3\alpha - 1}{2\alpha(1-\alpha)(8\alpha^2 + 12\alpha + 5)} - \left(-\frac{\alpha(\alpha - 3)}{(\alpha^2 - 4\alpha - 1)(\alpha - 1)}\right)$$

$$= \frac{8\alpha^5 - 2\alpha^4 - 17\alpha^3 - 7\alpha^2 - \alpha - 1}{2\alpha(1-\alpha)(8\alpha^2 + 12\alpha + 5)(\alpha^2 - 4\alpha - 1)} < 0,$$

$$q_{k_s}^h - q_{k_s}^d = \frac{2\alpha^3 + 4\alpha^2 + 3\alpha + 1}{\alpha(1-\alpha)(8\alpha^2 + 12\alpha + 5)} - \left(\frac{\alpha + 1}{(\alpha^2 - 4\alpha - 1)(\alpha - 1)}\right)$$

$$= -\frac{2\alpha^5 + 4\alpha^4 + 5\alpha^3 + 2\alpha^2 - 2\alpha - 1}{\alpha(1-\alpha)(8\alpha^2 + 12\alpha + 5)(\alpha^2 - 4\alpha - 1)}$$

当 $\alpha \leqslant 0.572$ 时，$q_{k_s}^h - q_{k_s}^d > 0$，反之，则小于零。

横向兼并下，由于市场的垄断，互补品提供商对消费者的产品定价升高，为消费者提供的产品数量增加，但消费者加入平台进行交易的数量较无兼并时减少。而消费者购买的产品数量与网络外部性强度相关，当网络外部性强度较大时，产品数量较无兼并时增加，当网络外部性强度较小时，产品数量较无兼并时减少。

命题4.5　对称均衡下，当 $\alpha \in [0.222, 1)$ 时，横向兼并下的平台利润高于无兼并竞争下的平台利润，反之则低于。当 $\alpha \in (0, 0.572]$ 时，横向兼并下互补品提供商的利润高于无兼并竞争时的利润，反之则低于。

证明：比较横向兼并与无兼并情形下的平台利润变化，有：

$$\pi_{A_k}^h - \pi_{A_k}^d = \frac{12\alpha^3 + 16\alpha^2 + 5\alpha - 1}{4\alpha(1-\alpha)(8\alpha^2 + 12\alpha + 5)} - \frac{\alpha(3\alpha^2 - 6\alpha - 1)}{(\alpha^2 - 4\alpha - 1)^2(\alpha - 1)}$$

$$= \frac{12\alpha^7 + 16\alpha^6 - 3\alpha^5 + 19\alpha^4 + 50\alpha^3 + 22\alpha^2 - 3\alpha - 1}{4\alpha(1-\alpha)(8\alpha^2 + 12\alpha + 5)(\alpha^2 - 4\alpha - 1)^2}$$

当 $\alpha \geqslant 0.222$ 时，$\pi_{A_k}^h - \pi_{A_k}^d > 0$。

$$\pi_{B_k}^h - \pi_{B_k}^d = \frac{12\alpha^3 + 16\alpha^2 + 5\alpha - 1}{4\alpha(1-\alpha)(8\alpha^2 + 12\alpha + 5)} - \frac{\alpha(3\alpha^2 - 6\alpha - 1)}{(\alpha^2 - 4\alpha - 1)^2(\alpha - 1)}$$

$$= \frac{(2\alpha^4 + 2\alpha^3 + 3\alpha^2 - \alpha - 1)(2\alpha^4 - 14\alpha^3 - 21\alpha^2 - 11\alpha - 1)(1+\alpha)^2}{\alpha^2(1-\alpha)(8\alpha^2 + 12\alpha + 5)^2(\alpha^2 - 4\alpha - 1)^2}$$

当 $\alpha \leqslant 0.572$ 时，$\pi_{B_k}^h - \pi_{B_k}^d > 0$。

两平台横向兼并后，当网络外部性较小时，由于平台对消费者的定价降低，互补品提供商的产品定价升高，使得消费者加入平台交易的数量减少，因而，平台的利润下降。当网络外部性较大时，互补品提供商的产品定价降低，使得加入平台的消费者数量增加，消费者对互补品的产品需求数量升高，使得平台利润逐渐增加。

通常认为在单边市场框架下，企业间的横向兼并会使得下游企业的利润减少。但是，双边市场下两平台横向兼并时，互补品提供商利润的变化与网络外部性强度相关，单边市场下的兼并理论显然不适合分析双边市场下的兼并情形。这是因为双边市场中，两平台横向兼并后，互补品提供商对消费者的产品定价升高，消费者加入平台的数量较少，则当网络外部性强度较小时，互补品提供商提供的互补产品数量增加，这给消费者带来较大的网络效用，使得消费者购买产品的数量增加，因此，互补品提供商的利润增加。这就说明双边市场中，互补品提供商不一定会在平台的横向兼并中遭受损失，反而可能获得较高利润。

以上命题结论对于具体双边平台产业实施横向兼并策略的市场绩效判断具有重要的指导作用。例如在传媒产业中，传统的媒体平台如报纸、杂志等由于受到新兴网络媒体的巨大冲击，不少企业开始寻求出路，业内发生了多起媒体平台之间的收购事件。从上面的分析可以判断报纸企业间的横向兼并行为对于均衡价格的影响。报纸商一般对读者进行补贴，收取低于成本的费用，而主要对广告商收取高价以获取利润。横向兼并后的报纸平台企业，实力增强，对广告商的收费增加，而为了维护和吸引更多的读者，则会进一步降低对读者的收费，以更优惠的报纸发行价格补贴读者。这些对于反垄断规制部门判断具有双边市场特征的平台企业间兼并行为的效果颇具启示。

4.4 均衡对比分析

本节将对无兼并竞争、纵向兼并及横向兼并三种情形进行比较分析，可得到如下主要结论：

第一，关于平台对用户的定价。

当 $\alpha \in (0, 1)$ 时，对三种情形下平台对两边用户的定价结构进行比较分析：

$$p_{k_s}^h > p_{k_s}^d > p_{k_s}^v,$$

$$p_{k_u}^h - p_{k_u}^v = \frac{8\alpha^3 + 10\alpha^2 + \alpha - 2}{2\alpha(8\alpha^2 + 12\alpha + 5)} - \frac{1}{3} = \frac{8\alpha^3 + 6\alpha^2 - 7\alpha - 6}{6\alpha(8\alpha^2 + 12\alpha + 5)}$$

当 $\alpha \geqslant 0.965$ 时，$p_{k_u}^h - p_{k_u}^v > 0$。

可得，对称均衡下，$p_{k_s}^h > p_{k_s}^d > p_{k_s}^v$，即横向兼并下形成市场垄断，互补品提供商对消费者的产品定价最高，而纵向兼并消除双重定价，使得平台投入成本降低，对消费者的产品定价最低。平台对消费者的接入定价则与网络外部性的强度相关，当 $\alpha \in [0.965, 1]$ 时，$p_{k_u}^d > p_{k_u}^h > p_{k_u}^v$，即网络外部性强度很大时，纵向兼并下平台对消费者的定价最低；当 $\alpha \in (0.414, 0.965)$ 时，$p_{k_u}^d > p_{k_u}^v > p_{k_u}^h$，即网络外部性强度较大时，横向兼并下对消费者的定价最低；当 $\alpha \in (0, 0.414]$ 时，$p_{k_u}^v > p_{k_u}^d > p_{k_u}^h$，即网络外部性强度较小时，纵向兼并下对消费者的定价最高。因此，互补品提供商对消费者的产品定价在纵向兼并下最低，横向兼并下最高。当网络外部性强度较小时，平台对消费者的接入定价纵向兼并下最高，横向兼并下最低；当网络外部性强度很大时，平台对消费者的接入定价纵向兼并下最低。

第二，关于平台两边的市场份额。

当 $\alpha \in (0, 1)$ 时，对三种情形下平台的两边用户规模进行比较分析：

$$q_{k_u}^v > q_{k_u}^d > q_{k_u}^h, \quad q_{k_s}^h - q_{k_s}^v = \frac{10\alpha^3 + 12\alpha^2 + \alpha - 3}{3\alpha(\alpha - 1)(8\alpha^2 + 12\alpha + 5)}$$

当 $\alpha \leqslant 0.402$ 时，$q_{k_s}^h - q_{k_s}^v > 0$。

由上可得，对称均衡下，$q_{k_u}^v > q_{k_u}^d > q_{k_u}^h$，由于纵向兼并下平台对消费者的互补产品定价最低，可激励消费者加入平台交易，因此，消费者加入平台的规模最大，而横向兼并下，互补品提供商的产品定价最高，消费者加入平台的规模最小。而消费者对互补产品的需求数量则与网络外部性强度相关，当$\alpha \in (0.572, 1)$时，$q_{k_s}^v > q_{k_s}^d > q_{k_s}^h$，横向兼并下消费者对互补产品的需求量最低；当$\alpha \in (0.402, 0.572]$时，$q_{k_s}^v > q_{k_s}^h > q_{k_u}^d$，纵向兼并下互补产品的需求量最高；当$\alpha \in [0.220, 0.402]$时，$q_{k_s}^h > q_{k_s}^v > q_{k_s}^d$，横向兼并下的需求量最高；当$\alpha \in (0, 0.220)$时，$q_{k_s}^h > q_{k_s}^d > q_{k_s}^v$，纵向兼并下的互补产品需求量最低。因此，纵向兼并下消费者加入平台的规模最大，横向兼并下最小。当网络外部性强度较大时，纵向兼并下互补产品的需求量最大，当网络外部性强度较小时，横向兼并下的互补产品需求量最大。

第三，关于平台的利润。

当$\alpha \in (0, 1)$时，对比三种兼并情形下的平台利润：

$$\pi_{A_k}^h - \pi_{A_k}^v = \frac{20\alpha^3 + 48\alpha^2 + 35\alpha + 9}{36\alpha(1-\alpha)(8\alpha^2 + 12\alpha + 5)} < 0$$

由上可得，对称均衡下，相比无兼并和横向兼并情形，纵向兼并下两平台的利润最高。这是因为平台与互补品提供商间的纵向兼并消除了它们双重定价导致的产品价格扭曲，使得平台的投入成本降低。因而，在互补产品市场上更具有优势，使得平台利润较高。而横向兼并下平台利润较无兼并情形下平台利润的大小则与网络外部性强度相关，当$\alpha \in [0.222, 1)$时，$\pi_{A_k}^v > \pi_{A_k}^h > \pi_{A_k}^d$，无兼并下的平台利润最低；当$\alpha \in (0, 0.222)$时，$\pi_{A_k}^v > \pi_{A_k}^d > \pi_{A_k}^h$，横向兼并下的平台利润最低。因此，三种情形下，纵向兼并下平台利润最高，当网络外部性较小时，横向兼并下的平台利润最低。

第四，关于网络外部性强度α对各种兼并结构下均衡定价、市场份额和平台利润的影响。

在无兼并竞争和横向兼并这两种情形下，随着网络外部性强度α的增大，两平台对消费者的定价升高，而互补品提供商对消费者的定价降低，消费者加入平台的数量增多，而消费者对互补产品的需求数量先减少后增加，平台的利润逐渐增加，互补品提供商的利润先减少后增加。当两平台纵向兼并时，平台和互补品提供商对消费者的定价不受网络外部性的影响，消费者加入平台的数量和互补产品的数量增加，平台利润增加。

从上述分析可以得知，平台采取哪种兼并模式将更有利于竞争并不是绝对的。由于网络外部性的影响，不同兼并结构下平台在均衡价格、利润以及用户规模方面占据优势的条件并不相同。因此，平台需根据自身的发展实力、战略目标及外部资源，综合考虑在哪种兼并结构下将能实现现阶段所要追求的目标，并由此做出决策行为。

4.5　本章小结

本章构建了具有网络外部性的双寡头平台竞争模型，分别对无兼并、纵向兼并及横向兼并三种情形下的双边平台定价机制问题进行了分析比较，研究得到了有关双边平台在不同兼并结构下的均衡定价、市场份额和平台利润的不同结论，并考虑了网络外部性强度对平台兼并模式选择的影响。

通过分析发现，面对竞争，纵向兼并消除了对消费者的双重加价，降低了投入成本，提高了平台利润，从而两平台具有纵向兼并的动机。而当网络外部性强度较小时，两平台横向兼并下的利润最低。在定价结构上，横向兼并下互补品提供商对消费者的定价最高，纵向兼并下最低。而平台对消费者的定价与网络外部性的强度相关，当网络外部性强度较小时，平台对消费者的接入定价纵向兼并下最高，横向兼并下最低，这与传统单边市场理论认为企业间的横向兼并导致高价格，使得竞争性的市场结构变为垄断性的结构，从而阻碍竞争的观点是不同的。当网络外部性强度很大时，平台对消费者的接入定价纵向兼并下最低。

另外，在无兼并和横向兼并的情形下，两个用户群之间网络外部性强度的增大可提高平台对消费者的定价及平台利润，但会降低互补品提供商对消费者的定价。而平台间进行纵向兼并时，网络外部性强度的增大会提高平台利润，但平台对两边用户的定价不受其影响。本章所得结论为理解双边平台的兼并行为提供了帮助，也为产业内平台企业采取不同的兼并策略提供了一定的理论指导依据。

第五章　双边平台的捆绑销售策略分析

捆绑销售策略（bundling strategy）是现实生活中双边平台经常采取的一种竞争策略。前两章分别研究了双边平台采用互联互通、兼并策略来拓展用户基础的情形，然而现实生活中，有些平台企业由于受技术、综合实力的限制或受其他因素的影响，不会实施前两种策略。因而，本章分析双边平台采取另一种策略——捆绑销售，即通过扩大平台所服务一边用户的范围来拓展用户基础的情形。其中，捆绑销售的唯一目的是放松非负定价约束，对市场一边免费提供捆绑或以折扣价销售捆绑，最终实现对用户的隐性价格补贴，刺激一边用户需求，以增加另一边用户的效用价值，进而协调两边用户加入平台进行交易。本章首先阐述了捆绑销售策略，之后基于 Hotelling 模型，在竞争平台存在差异且用户部分多归属的条件下，研究了平台分别采取混合捆绑和纯捆绑策略对均衡定价、平台利润以及社会福利的影响。

5.1　策略阐述

双边平台企业需要协调平台两边用户以达到有效的资源配置，Rochet 和 Tirole（2003）、Caillaud 和 Jullien（2003）、Armstrong（2006）在早期的奠基性工作中，强调了价格结构在解决协调问题中的作用。Caillaud 和 Jullien（2003）、Armstrong（2006）认为，平台可对一边用户设定负价格以促使用户加入平台。然而，当货币补贴低效或可能产生机会主义行为时，直接实施负价格并不总是可行的，正如 Jullien(2005)[169]所强调的，当平台企业受非负定价约束时，一个可替代方法是采取捆绑销售。

捆绑销售的概念最早由伯恩斯坦提出，之后 Adams 和 Yellen (1976)[170]给出了确切的含义，并提出了具体的捆绑销售模型。捆绑销售是指卖方将两个或多个产品或服务组合在一起进行销售的商业经济行为，即买方在购买某个产品或服务时，须同时购买卖方提供的其他产品或服务[171]。其中，买方本身需要购买的产品或服务称为“捆绑商品”，而被卖方要求购买的其他产品或服务称为“被捆绑商品”。

传统单边市场中对于捆绑销售的分析研究主要可分为古典学派、芝加哥学派以及后芝加哥学说，它们分别围绕企业利用捆绑策略垄断被捆绑商品市场的“杠杆原理”、将捆绑作为价格工具影响企业收益的价格歧视以及利用捆绑作为打击排挤竞争对手的策略性行为等方面进行分析，并探讨产业规制部门对这些行为的反垄断判定。大部分研究学者认为，企业采取捆绑销售可以提高企业经营效率、分散风险等。对于消费者，可以防止逆向选择，降低消费者的交易成本，是有利于消费者的。但是，也有一些学者认为，捆绑销售是一种价格歧视的工具，可以阻碍企业进入市场，或者将其他已有竞争对手排挤出去，保持垄断地位。这会侵害消费者的选择权利，限制市场的有效竞争，损害社会总福利等。因而，在传统单边市场中，企业的捆绑销售行为一直受到世界各国反垄断规制部门的关注，并常常为政府所限制。比如微软公司将操作系统与其浏览器(IE)捆绑，相当于通过免费赠送来促销其 IE 浏览器，对当时的网景浏览器造成了严重损害，导致其最终退出市场。这样的行为被认为是排挤竞争对手、损害消费者利益以及遏制了创新活动的行为，产生了消极的影响。

然而，由于双边市场独特的市场结构，双边平台的捆绑销售与传统单边市场中捆绑销售的作用及影响有很大的不同，它的本质不仅仅是价格歧视或排挤竞争对手等策略性行为，而且具有其他不同的性质，并且有时候产生积极的作用，可以有助于平台企业均衡两边的用户规模，甚至提高社会总福利。双边市场平台企业考虑的因素要更复杂，所以不能直接利用上述传统单边市场捆绑销售的理论分析双边平台的捆绑销售行为。双边市场中的捆绑销售与传统理论中捆绑销售的差异主要表现为以下两个方面：一方面，策略实施主体不同。双边市场中，实施捆绑销售的主体主要是卖方，也会是平台企业，如京东的99元免运费策略。而且有些平台会对市场一边用户免费提供捆绑组合产品，比如门户网站对浏览者免费提供内容资讯、博客以及电子邮箱等一揽子产品或服务。而传统单边市场中，采取捆绑销售的主体是卖方，包括生产商及下游销售商，但不可能实施免费销售捆绑。另一方面，策略作用的对象不同。双边市场中，卖方或平台企业在市场一边用户采取捆绑销售，一定会影响在市场另一边用户的效益，比如门户网站对浏览者采取的捆绑销售，便会影响另一边广告商的收益。最终获益的对象不仅是买方或卖方，平台企业也会获益。而在传统单边市场中，卖方实施捆绑销售只会影响卖方的收益，最终受益的主要是卖方，买方也可能受益。因此，基于双边市场理论，对平台企业的捆绑销售策略进行研究具有重要意义。

双边市场中，随着平台企业的竞争愈发激烈，捆绑销售成为双边平台较常使用的一种营销手段。他们通常会采取不同的捆绑方式对市场一边用户进行补贴，以吸引更多的用户加入平台交易。一方面，双边平台可以附加一些与捆绑产品有互补功能的有价值的产品或服务，比如大型购物中心会为消费者提供免费的地下车库停车、取货等服务。操作系统平台为消费者配套相应的软件组合并集成到操作系统中，消费者不需额外支出购买软件，这为消费者使用操作平台提供了便利，使消费者受益。电子商务网络购物平台通过向消费者赠送优惠券及免邮费等方式补贴消费者。在银行卡产业，持卡人可以享受持卡消费优惠打折等优质服务。另一方面，双边平台还可以捆绑同质商品进行销售，比如，对于媒体平台如杂志，若消费者订购了某一杂志可免费获得或以折扣价购买另一本杂志等。从以上对各种捆绑方式的分析可知，捆绑销售一般可分为两种类型：纯捆绑和混合捆绑。纯捆绑是指一揽子销售商品或服务，消费者不能单独购买，比如微软的视窗(Windows)操作系统与"探索者(Explorer)"的捆绑[172]。混合捆绑是指除了一揽子捆绑销售外，还可分开单独销售商品，比如商场促销时大家电与小家电的捆绑。显然双边平台为用户附加提供这些产品或服务是需要一定成本的，但是在互联网信息产业中产品或服务的成本相对较低。因而，双边平台利用捆绑销售对市场一边用户实施补贴，进而吸引更多的用户加入平台交易的现象会越来越多。

本章中捆绑销售的目的不同于 Whinston(1990)[173]强调的进入遏制目的，也不同于 Adams 和 Yellen(1976)[170]提出的价格歧视目的。捆绑的唯一目标是放松非负定价约束，免费提供捆绑或以折扣价销售捆绑，刺激一边用户需求，以增加另一边成员的价值和平台利润。面对平台企业的策略行为，大多数研究文献将平台上用户的归属状态分为两类：单归属和多归属。一般在假设用户单归属或多归属的条件下，对所研究问题进行讨论。然而现实生活中，用户的归属行为往往介于上述两种模式之间，即一部分用户多归属，而另一部分用户单归属，称之为部分多归属[79-81]。部分多归属的现象在双边市场中较为普遍，以我国商业银行信用卡为例，截至 2015 年末，全国信用卡累计发卡量约为 5.3 亿张，其中只拥有一张信用卡的用户比例约为 29.99%，有两张卡的用户比例约为 22.46%，有三张卡及以上的用户占比不到 48%，由此可以看出，我国信用卡持卡人中，约 29.99%的用户为单归属，其余用户为多归属，可见信用卡行业具有典型的部分多归属特征。

本章研究平台企业，特别是处于积累各边市场规模的成长期的平台企业所采取的捆绑策略。当货币补贴低效或可能产生机会主义行为时，受非负定价约束的平台企业会将服务与另一种商品捆绑，通过免费赠送或按折扣价销售捆绑，以放松非负约束，最终实现隐性的价格补贴。本章构建了一个 Hotelling 博弈模型，在竞争平台受非负定价约束且用户部分多归属的条件下，研究双边平台分别采取混合捆绑和纯捆绑策略对均衡定价、平台利润以及社会福利的影响，并对不同情形下所得的均衡解进行了对比分析。

5.2 模型构建

采用标准的 Hotelling 模型分析框架，考虑市场上存在两个双边平台企业 $k(k=A,\ B)$，分别位于线性城市$[0,\ 1]$的两端，每个平台企业面临两组不同的用户 $i(i=1,\ 2)$，在线段上均匀分布，且每边的用户规模均标准化为单位 1(记边 1 用户为买方，边 2 用户为卖方)。两平台企业都希望能有更多的用户在本平台上进行交易，并为此而展开竞争。假设两平台给予两边用户的内在收益 v_i 足够大，以至于线段$[0,\ 1]$上的用户都至少到一个平台上进行交易。假设买方可在平台间自由选择，是部分多归属的，而卖方是完全单归属，n_{k_i} 表示用户在平台上的单归属数量，而 N_{k_i} 表示用户在平台上的归属数量，包括单归属和多归属。令买方的一个用户距离平台 A 的距离为 x，另一个用户距离平台 A 的距离为 y，此时，两平台上买方单归属的净效用分别为：

$$\begin{aligned} u_{A_1} &= v_1 + \alpha_1 n_{A_2} - t_1 x - p_{A_1} \\ u_{B_1} &= v_1 + \alpha_1 n_{B_2} - t_1(1-y) - p_{B_1} \end{aligned} \tag{5.1}$$

而买方多归属的净效用为：

$$u_{AB_1} = v_1 + \alpha_1 - t_1 - p_{A_1} - p_{B_1} \tag{5.2}$$

同理，两平台上卖方的净效用分别为：

$$\begin{aligned} u_{A_2} &= v_2 + \alpha_2 N_{A_1} - t_2 x - p_{A_2} \\ u_{B_2} &= v_2 + \alpha_2 N_{B_1} - t_2(1-x) - p_{B_2} \end{aligned} \tag{5.3}$$

其中，$\alpha_i \geq 0$ 表示双边用户间的交叉网络外部性强度，其含义为平台一边用户给另一边用户带来的外部效用（平台每增加一个买（卖）方时，卖（买）方所增加的效用），t_i 表示两边用户到平台上的平均运输成本，可视为交易平台对两边用户提供服务的差异化系数（t_1、$t_2 > 0$），p_{k_i} 表示平台向两边用户收取的注册费。

为了保证买方为部分多归属，而卖方为完全单归属的双边市场以及市场均衡解的存在与合理，还需要有如下假设：

（1）$t_1 < \alpha_1 < 2t_1$；（2）$t_1t_2 > \alpha_1\alpha_2$ 和 $8t_1t_2 - 6\alpha_1\alpha_2 - \alpha_1^2 - \alpha_2^2 > 0$。

其中，假设（1）保证买方为部分多归属，而卖方为完全单归属；假设（2）确保利润函数 π_i 是凹函数，并存在纳什均衡解。

由于两边用户在线段[0，1]上均匀分布，在 x 处，买方多归属和在平台 A 上单归属所获得的净效用相同，在 y 处，买方多归属和在平台 B 上单归属所获得的效用相同，即 $u_{A_1} = u_{B_1} = u_{AB_1}$，$u_{A_2} = u_{B_2}$，于是有，

$$
\begin{aligned}
&v_1 + \alpha_1 n_{A_2} - t_1 x - p_{A_1} = v_1 + \alpha_1 - t_1 - p_{A_1} - p_{B_1} \\
&v_1 + \alpha_1 n_{B_2} - t_1(1-y) - p_{B_1} = v_1 + \alpha_1 - t_1 - p_{A_1} - p_{B_1} \\
&v_2 + \alpha_2 N_{A_1} - t_2 x - p_{A_2} = v_2 + \alpha_2 N_{B_1} - t_2(1-x) - p_{B_2}
\end{aligned}
\tag{5.4}
$$

求解式（5.4），可得两边用户在平台上单归属的需求函数为：

$$
\begin{aligned}
n_{A_1} &= 1 - \frac{\alpha_1}{2t_1} - \frac{t_1\alpha_1(p_{A_2} - p_{B_2}) + (\alpha_1\alpha_2 - 2t_1t_2)p_{B_1} + \alpha_1\alpha_2 p_{A_1}}{2t_1(t_1t_2 - \alpha_1\alpha_2)} \\
n_{B_1} &= 1 - \frac{\alpha_1}{2t_1} + \frac{t_1\alpha_1(p_{A_2} - p_{B_2}) + (2t_1t_2 - \alpha_1\alpha_2)p_{A_1} - \alpha_1\alpha_2 p_{B_1}}{2t_1(t_1t_2 - \alpha_1\alpha_2)} \\
n_{A_2} &= \frac{1}{2} + \frac{t_1(p_{B_2} - p_{A_2}) + \alpha_2(p_{B_1} - p_{A_1})}{2(t_1t_2 - \alpha_1\alpha_2)} \\
n_{B_2} &= \frac{1}{2} - \frac{t_1(p_{B_2} - p_{A_2}) + \alpha_2(p_{B_1} - p_{A_1})}{2(t_1t_2 - \alpha_1\alpha_2)}
\end{aligned}
\tag{5.5}
$$

为了简化计算，便于分析，假设平台服务两边用户的成本为零，则两平台的利润函数分别为：

$$\pi_A = p_{A_1}N_{A_1} + p_{A_2}n_{A_2}$$
$$\pi_B = p_{B_1}N_{B_1} + p_{B_2}n_{B_2} \tag{5.6}$$

将式(5.5)代入式(5.6)，分别用平台利润函数对价格求一阶偏导可得，买方部分多归属而卖方完全单归属的情形下，双寡头平台竞争实现均衡时，对两边用户的定价分别为：

$$p_{A_1} = p_{B_1} = p_1^u = \frac{1}{4}(\alpha_1 - \alpha_2),$$

$$p_{A_2} = p_{B_2} = p_2^u = \frac{1}{4t_1}(4t_1t_2 - 3\alpha_1\alpha_2 - \alpha_1^2) \tag{5.7}$$

平台两边用户单归属的数量分别为：

$$n_{A_1} = n_{A_2} = n_1^u = \frac{1}{4t_1}(4t_1 - \alpha_1 - \alpha_2),\quad n_{B_1} = n_{B_2} = n_2^u = \frac{1}{2}$$

均衡时，两平台企业的利润相等且为：

$$\pi_A = \pi_B = \pi^u = \frac{1}{16t_1}(8t_1t_2 - 6\alpha_1\alpha_2 - \alpha_1^2 - \alpha_2^2)$$

从上面的式(5.7)可知，当卖方的网络外部性 α_2 较强时，说明平台上每增加一个买方给卖方带来的效用较卖方给买方带来的效用更高，此时，平台有补贴买方的激励，即当平台实现利润最大化均衡时，平台可对买方制定低于边际成本的价格，甚至是负价格或提供直接的价格补贴，现在提出以下假设，

假设 5.1　$$p_1^u = \frac{1}{4}(\alpha_1 - \alpha_2) < 0 \tag{5.8}$$

可验证，此情形下意味着 $\alpha_1 < \alpha_2$，$p_2^u > 0$。本章的目的是研究当不允许设定负价格时，平台将如何采取策略规避约束。那么，当非负定价约束绑定时，两平台对买方的定价为 $p_1^c = 0$，即对买方提供免费服务。同时平台对卖方的定价也相应做出调整，以保证双边用户加入平台进行交易。

平台受非负定价约束，记 ρ^A，ρ^B 为平台 A、B 的非负约束算子，用

两平台的利润函数对价格求一阶偏导，可得：

$$
\begin{aligned}
&\frac{\alpha_1}{2t_1}+\frac{t_1\alpha_1(p_{B_2}-p_{A_2})+\alpha_1\alpha_2(p_{B_1}+2p_{A_1})-4t_1t_2p_{A_1}-\alpha_2t_1p_{A_2}}{2t_1\tau}+\rho^A=0\\
&\frac{\alpha_1}{2t_1}-\frac{t_1\alpha_1(p_{B_2}-p_{A_2})-\alpha_1\alpha_2(2p_{B_1}+p_{A_1})+4t_1t_2p_{B_1}+\alpha_2t_1p_{B_2}}{2t_1\tau}+\rho^B=0\\
&\frac{1}{2}+\frac{\alpha_2(p_{B_1}-p_{A_1})+t_1(p_{B_2}-2p_{A_2})-\alpha_1p_{A_1}}{2\tau}=0\\
&\frac{1}{2}-\frac{\alpha_2(p_{B_1}-p_{A_1})+t_1(2p_{B_2}-p_{A_2})+\alpha_1p_{B_1}}{2\tau}=0
\end{aligned}
\tag{5.9}
$$

当$p_1^u<0$，且非负定价约束绑定时，平台对买方的定价为$p_{A_1}=p_{B_1}=0$，而平台对卖方定价的最优反应函数为：

$$
p_{A_2}(p_{B_2})=2p_{B_2}-\frac{t_1t_2-\alpha_1\alpha_2}{t_1},\quad p_{B_2}(p_{A_2})=2p_{A_2}-\frac{t_1t_2-\alpha_1\alpha_2}{t_1}
$$

此时，$\rho^A=\rho^B>0$，因此，非负定价约束下，平台对两边用户的对称均衡价格分别为：

$$
p_1^c=0,\quad p_2^c=\frac{t_1t_2-\alpha_1\alpha_2}{t_1}\tag{5.10}
$$

两边用户的单归属数量分别为：

$$
n_1^c=\frac{1}{2t_1}(2t_1-\alpha_1)\quad n_2^c=\frac{1}{2}
$$

实现均衡时，两平台获得的利润相等且为：

$$
\pi^c=\frac{1}{2t_1}(t_1t_2-\alpha_1\alpha_2)
$$

命题 5.1　买方部分多归属而卖方完全单归属的情形下，双寡头平台竞争实现均衡时，受非负定价约束的两平台企业A、B，与无约束情形相比，对买方的价格上升，对卖方的价格下降，且买方的用户规模减少，卖方的不变，即$p_1^u<p_1^c$，$p_2^u>p_2^c$，$n_1^u>n_1^c$。

由上述分析可知，平台在边1市场定价受约束。需要注意的是，虽

然平台提高价格 p_1 减少了买方的用户规模，但也减了少平台在买方的损失。与无约束情形相比，可以看出，假设 5.1 下，无约束平台对买方的定价为负，对买方进行价格补贴，而对卖方的定价为正，平台的利润为正。而受非负定价约束时，平台对买方的价格升高，对买方实施免费服务，对卖方的价格降低，平台的利润增加。下面研究平台企业如何利用捆绑销售策略放松非负定价约束，扩大服务用户的范围，从而实现对用户隐性的价格补贴，使得平台盈利。

5.3　捆绑销售

假设平台销售另外一种商品，可将商品与服务进行捆绑销售，以放松非负定价约束，并补贴用户。假设仅买方对商品有需求，所有买方用户有相同意愿支付 θ 购买商品。为了便于讨论，假设 $\theta \geqslant c$（c 为商品成本），买方用户即使不加入平台，也会购买商品。在这种情形下，平台可以价格 θ 单独销售商品，从而获取利润，也可将商品与服务捆绑销售，放弃部分利润，以提高用户参与平台交易的数量。

假设捆绑的价格为 p，由上述分析可知 p 是非负的。令 θ 为单独的商品价格，则买方购买捆绑的商品和服务的效用相当于其购买平台服务的价格为 $p-\theta$，购买商品的价格为 θ。捆绑中服务的价格用 p_1 表示，则 $p_1=p-\theta<0$。事实上，当买方对商品有相同偏好时，捆绑销售策略使得平台放松非负定价约束，并补贴用户，而不必承担任何的额外费用。这里，平台企业捆绑销售商品和服务可以有多种形式，最终出现的组合可能有两种：一种是混合捆绑（以下简称为搭售），即平台企业除整体销售商品和服务外还可将其单独销售的情形。此时，如上所述，所有不加入平台 A 进行交易的买方用户也会购买商品。这样使得平台扩大了服务用户的范围，拓展了客户基础。另一种是纯捆绑，即仅销售捆绑的商品和服务，不能单独销售商品或服务的情形。对于单边市场，Whinston（1990）认为，在垄断和双寡头垄断情形下，搭售对市场均衡

没有影响，但纯捆绑会减少所有平台的盈利能力。下面分析比较不同的捆绑方式对双边市场均衡所产生的影响。

5.3.1 一个平台采取捆绑策略

(1) 一个平台采取搭售策略

当一个平台选择搭售时，不妨假设平台 A 采取搭售策略，它既可以向买方单独销售商品，也可将其与平台服务捆绑销售。为了便于表述，定义 $\tau = t_1 t_2 - \alpha_1 \alpha_2$。捆绑的价格为 p，$p_{A_1} = p - \theta$ 表示捆绑中隐性的价格补贴，非负约束可以写为 $p_{A_1} + \theta \geqslant 0$。用户需求函数与前面的式(5.5)相同，搭售使得平台 A 放松了非负定价约束，则搭售时平台 A 的利润为 $(p_{A_1} + \theta - c)N_{A_1} + p_{A_2} n_{A_2} + (\theta - c)(1 - N_{A_1})$，因此，其利润最大化问题为：

$$\max(\underset{\text{s. t. } p_{A_1} \geqslant -\theta \text{ and}(5.5)}{p_{A_1} N_{A_1}} + p_{A_2} n_{A_2}) + (\theta - c) \tag{5.11}$$

而平台 B 的利润函数与之前一样，非负定价约束绑定，当搭售商品 θ 值较小时，平台 A 对买方销售捆绑的价格为 $p = 0$，即对买方免费提供捆绑，且 $p_{A_1} = -\theta$，负的服务费由捆绑商品的价值补偿。而当 θ 值较大时，$p_{A_1} + \theta > 0$，相当于无非负定价约束，θ 的临界水平对应于平台 B 受非负定价约束($p_{B_1} = 0$)，平台 A 在博弈均衡中所设定的价格由于策略的相互影响不同于无约束时的 p_1^u，其中，

$$p_{A_1}^{uc} = \frac{12\tau}{12 t_1 t_2 - 10\alpha_1 \alpha_2 - \alpha_1^2 - \alpha_2^2} p_1^u \tag{5.12}$$

命题 5.2 买方部分多归属而卖方完全单归属的情形下，若平台 A 采用搭售策略而平台 B 不采取搭售策略，则双寡头平台竞争实现均衡时，平台 A 对捆绑的定价为 $p = p_{A_1}^T + \theta$，其中 $p_{A_1}^T = \max\{-\theta, p_{A_1}^{uc}\}$，平台 B 对买方的定价为 0。

证明：当平台 A 采用搭售策略时，用两平台利润函数对价格求一阶

偏导，可得式(5.9)，对于给定的 p_{A_1}、p_{B_1}，平台对卖方的价格函数分别为：

$$p_{A_2} = p_2^c - \frac{\alpha_2 + 2\alpha_1}{3t_1} p_{A_1} + \frac{\alpha_2 - \alpha_1}{3t_1} p_{B_1}$$

$$p_{B_2} = p_2^c - \frac{\alpha_2 + 2\alpha_1}{3t_1} p_{B_1} + \frac{\alpha_2 - \alpha_1}{3t_1} p_{A_1}$$

则两平台在买方的一阶条件可写为：

$$\rho^A = \frac{\alpha_2 - \alpha_1}{2t_1} + \frac{(12t_1t_2 - 10\alpha_1\alpha_2 - \alpha_1^2 - \alpha_2^2)p_{A_1} + (\alpha_1^2 + \alpha_2^2 - 2\alpha_1\alpha_2)p_{B_1}}{6t_1\tau}$$

$$\rho^B = \frac{\alpha_2 - \alpha_1}{2t_1} + \frac{(12t_1t_2 - 10\alpha_1\alpha_2 - \alpha_1^2 - \alpha_2^2)p_{B_1} + (\alpha_1^2 + \alpha_2^2 - 2\alpha_1\alpha_2)p_{A_1}}{6t_1\tau}$$

平台受非负定价约束，$p_{B_1} = 0$。由本章开始的假设条件，可以进一步得到 $t_1t_2 > \alpha_i\alpha_j$。注意到，$\rho^B > \rho^A$，当搭售商品值 θ 较小时，如果 $\rho^A > 0$ 或 $p_{A_1} = -\theta > -p_{A_1}^{uc} = \frac{3\tau(\alpha_1 - \alpha_2)}{12t_1t_2 - 10\alpha_1\alpha_2 - \alpha_1^2 - \alpha_2^2}$，则 $p_{A_1} = -\theta$，$p_{B_1} = 0$ 为利润最大化的平台价格。当 θ 值较大时，$\theta > -p_{A_1}^{uc}$，令 $\rho^A = 0$，$\rho^B > 0$，则均衡价格为 $p_{B_1} = 0$，$p_{A_1} = p_{A_1}^{uc} = \frac{3\tau(\alpha_1 - \alpha_2)}{12t_1t_2 - 10\alpha_1\alpha_2 - \alpha_1^2 - \alpha_2^2} = \frac{12\tau}{12t_1t_2 - 10\alpha_1\alpha_2 - \alpha_1^2 - \alpha_2^2} p_1^u$。此时，可验证 $\rho^B > 0$。

当平台 A 采取搭售策略，搭售商品 θ 值较小时，捆绑价格为 0，捆绑商品的价值补偿负的服务费，当 θ 值较大时，超过平台的最优价格补贴，则捆绑价格为正。

给定 $p_{B_1} = 0$，$p_{A_1} < 0$，则平台根据下列反应函数对卖方制定价格，

$$p_{A_2}(p_{B_2}) = \frac{1}{2}p_{B_2} + \frac{1}{2}p_2^c - \frac{\alpha_1 + \alpha_2}{2t_1} p_{A_1}^T$$

$$p_{B_2}(p_{A_2}) = \frac{1}{2}p_{A_2} + \frac{1}{2}p_2^c + \frac{\alpha_2}{2t_1} p_{A_1}^T$$

其中，$p_{A_1}^T$ 为平台 A 对买方设定的隐性价格补贴。这两个反应函数显示了平台 A、B 对卖方定价的互补性，且它们与价格补贴 $p_{A_1}^T$ 密切相关，两平台对卖方的均衡定价为：

$$
\begin{aligned}
p_{A_2}^T &= p_2^c - \frac{2\alpha_1 + \alpha_2}{3t_1} p_{A_1}^T \\
p_{B_2}^T &= p_2^c + \frac{\alpha_2 - \alpha_1}{3t_1} p_{A_1}^T
\end{aligned}
\tag{5.13}
$$

平台 A 采取搭售策略，随着价格补贴 $p_{A_1}^T$ 绝对值的增加，导致价格 p_{A_2} 增加，平台 A 补贴买方，则对卖方的定价升高。由于 $\alpha_1 < \alpha_2$，搭售时，随着价格 p_{A_1} 的下降，使得买方的用户需求向平台 A 转移，则平台 A 对卖方也更具有吸引力，从而使得平台 B 降低对卖方的定价，可看出，平台 B 对卖方的定价低于平台 A 的定价（$p_{B_2}^T < p_{A_2}^T$）。另外，平台的均衡市场需求也是不对称的，分别为：

$$
n_{A_1}^T = n_1^c + \frac{\alpha_1(\alpha_1 - \alpha_2)}{6t_1\tau} p_{A_1}^T, \quad n_{A_2}^T = \frac{1}{2} + \frac{\alpha_1 - \alpha_2}{6\tau} p_{A_1}^T
$$

$$
n_{B_1}^T = n_1^c + \frac{6\tau - \alpha_1(\alpha_1 - \alpha_2)}{6t_1\tau} p_{A_1}^T, \quad n_{B_2}^T = \frac{1}{2} - \frac{\alpha_1 - \alpha_2}{6\tau} p_{A_1}^T
$$

通过比较发现，一个平台采取搭售策略可以扩大平台两边的用户规模，而无捆绑平台两边的用户规模减少，这也说明了 Yahoo！等为何向注册邮箱的用户免费附加提供如网盘、相册等一揽子捆绑服务。另外由于新兴的双边平台企业如操作系统、搜索引擎等互联网企业对用户提供服务所花费的边际成本较低（$c \to 0$），因而通常会实施搭售策略以促使两边用户加入平台，如微软在其推出的操作系统 Windows 系列产品的设计中，不断地为应用软件开发商免费附加更多的应用程序接口，以吸引软件提供商开放更多的产品。

下面讨论平台 A 采取搭售策略时对两平台利润的影响，使用表达式

$p_{A_1}^T = \max\{-\theta,\ p_{A_1}^{uc}\}$，则利润如下：

$$\pi_A^T = \pi^c + \frac{[(\alpha_1 - \alpha_2)^2 - 18\tau](p_{A_1}^T)^2 + 6(\alpha_1 - \alpha_2)\tau p_{A_1}^T}{18t_1\tau} + \theta - c$$

$$\pi_B^T = \pi^c + \frac{(\alpha_1 - \alpha_2)^2 (p_{A_1}^T)^2 + 6(\alpha_2 - \alpha_1)\tau p_{A_1}^T}{18t_1\tau}$$

命题 5.3　买方部分多归属而卖方完全单归属的情形下，若平台 A 采用搭售策略而平台 B 不采取搭售策略，则双寡头平台竞争实现均衡时，与无捆绑的情形相比，平台 A 的利润增加，而平台 B 的利润减少。

证明：

$$\begin{aligned}&\pi_A^T - (\pi^c + (\theta - c))\\ &= \frac{-p_{A_1}^T}{18t_1\tau}(-6(\alpha_1 - \alpha_2)\tau + [18\tau - (\alpha_1 - \alpha_2)^2]p_{A_1}^T)\end{aligned}$$

如果 $-6(\alpha_1 - \alpha_2)\tau + [18\tau - (\alpha_1 - \alpha_2)^2]p_{A_1}^T > 0$，即 $p_{A_1}^T > \dfrac{6(\alpha_1 - \alpha_2)\tau}{18\tau - (\alpha_1 - \alpha_2)^2}$，则值为正，

$$\begin{aligned}p_{A_1}^{uc} - \frac{6(\alpha_1 - \alpha_2)\tau}{18\tau - (\alpha_1 - \alpha_2)^2} &= \frac{3\tau(\alpha_1 - \alpha_2)}{12t_1t_2 - 10\alpha_1\alpha_2 - \alpha_1^2 - \alpha_2^2} - \frac{6\tau(\alpha_1 - \alpha_2)}{18\tau - (\alpha_1 - \alpha_2)^2}\\ &= \frac{3\tau(\alpha_2 - \alpha_1)(6t_1t_2 - 4\alpha_1\alpha_2 - \alpha_1^2 - \alpha_2^2)}{(12\tau - (\alpha_1 - \alpha_2)^2)(18\tau - (\alpha_1 - \alpha_2)^2)} > 0\end{aligned}$$

恒成立，所以平台 A 的利润增加。

同理，$\pi_B^T - \pi^c = -\dfrac{p_{A_1}^T}{18t_1\tau}(\alpha_1 - \alpha_2)(6\tau + p_{A_1}^T(\alpha_2 - \alpha_1))$，如果 $6\tau + p_{A_1}^T(\alpha_2 - \alpha_1) > 0$，即 $p_{A_1}^T > -\dfrac{6\tau}{\alpha_2 - \alpha_1}$，则值为负，可验证：

$$\begin{aligned}p_{A_1}^{uc} - \left(-\frac{6\tau}{\alpha_2 - \alpha_1}\right) &= \frac{3\tau(\alpha_1 - \alpha_2)}{12\tau - (\alpha_1 - \alpha_2)^2} + \frac{6\tau}{\alpha_2 - \alpha_1}\\ &= \frac{9\tau(8t_1t_2 - 6\alpha_1\alpha_2 - \alpha_1^2 - \alpha_2^2)}{(12\tau - (\alpha_1 - \alpha_2)^2)(\alpha_2 - \alpha_1)} > 0\end{aligned}$$

恒成立，所以，平台 B 的利润下降。

平台 A 采取搭售策略，放松非负定价约束，实现了对买方的补贴。由于网络外部性的作用，平台 A 两边的用户规模增加，对卖方的收费升高，使得平台 A 的利润增加。而平台 B 两边的用户规模减少，对卖方的收费降低，从而利润减少，最终平台 A 的利润大于平台 B 的利润。所以，搭售策略使得平台 A 从中获利。

(2) 一个平台采取纯捆绑策略

前面考虑了平台 A 对买方采取搭售策略，即通过单独销售商品或将商品与服务捆绑销售，放松非负定价约束，补贴用户的情形。接下来研究平台 A 采取纯捆绑策略，即将商品与服务作为整体销售，消费者不能单独购买商品或服务的情形，并比较分析纯捆绑策略和搭售策略对市场均衡影响的差异。

假设平台 A 采取纯捆绑策略，捆绑的价格为 p，买方购买捆绑的商品和服务的效用相当于购买平台服务的价格为 $p-\theta$，购买商品的价格为 θ。因此，与前面一样，定义捆绑中隐性的服务价格为 $p_{A_1}=p-\theta$，记 $r=\theta-c$，则纯捆绑下，平台 B 的利润函数不变，平台 A 的利润最大化问题变为：

$$\max_{\text{s.t. } p_{A_1}\geqslant-\theta \text{ and}(5.5)}(p_{A_1}+r)N_{A_1}+p_{A_2}n_{A_2} \tag{5.14}$$

注意到，当 $r=0$ 时，纯捆绑策略与搭售策略下平台的均衡价格和利润是相同的。当 $r\neq0$ 时，纯捆绑下的均衡分析类似于搭售的情形，当捆绑商品 θ 值较小时，平台 A 对买方免费销售捆绑的商品和服务，平台 A 服务买方的价格为 $p_{A_1}=-\theta$，而平台 B 对买方的服务定价为零。θ 值较大时，相当于无非负定价约束，捆绑价格为正，存在一个关键价格 $p_{A_1}^{P}=\max\{-\theta,\ p_{A_1}^{uc}(r)\}$，$p_{A_1}^{uc}(r)$ 的大小与 r 的值相关。

当平台 A 采用纯捆绑策略时，两平台利润函数对价格求导，可得：

$$\frac{\alpha_1}{2t_1}+\frac{t_1\alpha_1(p_{B_2}-p_{A_2})+\alpha_1\alpha_2(p_{B_1}+2p_{A_1})-4t_1t_2p_{A_1}-\alpha_2t_1p_{A_2}+2rt_1t_2-r\alpha_1\alpha_2}{2t_1\tau}+\rho^A=0$$

$$\frac{\alpha_1}{2t_1}-\frac{t_1\alpha_1(p_{B_2}-p_{A_2})-\alpha_1\alpha_2(2p_{B_1}+p_{A_1})+4t_1t_2p_{B_1}+\alpha_2t_1p_{B_2}}{2t_1\tau}+\rho^B=0$$

$$\frac{1}{2}+\frac{\alpha_2(p_{B_1}-p_{A_1})+t_1(p_{B_2}-2p_{A_2})-\alpha_1p_{A_1}-\alpha_1r}{2\tau}=0$$

$$\frac{1}{2}-\frac{\alpha_2(p_{B_1}-p_{A_1})+t_1(2p_{B_2}-p_{A_2})+\alpha_1p_{B_1}}{2\tau}=0$$

对于给定的 p_{A_1}、p_{B_1}，平台对卖方的价格函数分别为：

$$p_{A_2}=p_2^c-\frac{(\alpha_2+2\alpha_1)p_{A_1}-(\alpha_2-\alpha_1)p_{B_1}+2\alpha_1m}{3t_1}$$

$$p_{B_2}=p_2^c-\frac{(\alpha_2+2\alpha_1)p_{B_1}-(\alpha_2-\alpha_1)p_{A_1}+\alpha_1m}{3t_1}$$

则两平台在买方的一阶条件可分别写为：

$$\rho^A=\frac{\alpha_2-\alpha_1}{2t_1}+\frac{(12t_1t_2-10\alpha_1\alpha_2-\alpha_1^2-\alpha_2^2)p_{A_1}}{6t_1\tau}+\frac{(\alpha_1^2+\alpha_2^2-2\alpha_1\alpha_2)p_{B_1}}{6t_1\tau}+\frac{(6t_1t_2-5\alpha_1\alpha_2-\alpha_1^2)m}{6t_1\tau}$$

$$\rho^B=\frac{\alpha_2-\alpha_1}{2t_1}+\frac{(12t_1t_2-10\alpha_1\alpha_2-\alpha_1^2-\alpha_2^2)p_{B_1}}{6t_1\tau}+\frac{(\alpha_1^2+\alpha_2^2-2\alpha_1\alpha_2)p_{A_1}}{6t_1\tau}+\frac{(\alpha_1^2-\alpha_1\alpha_2)m}{6t_1\tau}$$

平台受非负定价约束，$p_{B_1}=0$。需注意的是，当 r 远离零时，即捆绑商品 θ 值很大时，平台 A 的边际成本对平台定价和利润的影响较为复杂，分析比较困难。而本章主要关注的是在用户部分多归属的条件下，如何利用捆绑销售策略放松非负定价约束。因此，当 r 值远离零时，可参考 Amelio 和 Jullien(2012) 对纯捆绑策略的详细分析。这里，仅讨论 r 趋于零时，纯捆绑策略与搭售策略对平台定价机制影响的不同。当捆绑商品θ值较小时，如果$\rho^A>0$或$p_{A_1}=-\theta>-p_{A_1}^{uc}(r)$，则$p_{A_1}=-\theta$，$p_{B_1}=0$为平台利润最大化的价格。当$\theta$值较大时，$\theta>-p_{A_1}^{uc}$，令$\rho^A=0$，$\rho^B>0$，则均衡价格为$p_{B_1}=0$，

$$p_{A_1}^{uc}(r)=p_{A_1}^{uc}-\frac{6\tau-\alpha_1(\alpha_1-\alpha_2)}{12t_1t_2-10\alpha_1\alpha_2-\alpha_1^2-\alpha_2^2}r$$

可以看出，当捆绑商品θ值较大时，与搭售情形相比，平台A对买方的服务定价下降，($p_{A_1}^{uc}(r)<p_{A_1}^{uc}$)，从而提高了平台$A$在买方的竞争激励。纯捆绑下，平台对卖方的定价分别为：

$$\begin{aligned}p_{A_2}^P&=p_2^c-\frac{2\alpha_1+\alpha_2}{3t_1}p_{A_1}^P-\frac{2\alpha_1}{3t_1}r\\p_{B_2}^P&=p_2^c+\frac{\alpha_2-\alpha_1}{3t_1}p_{A_1}^P-\frac{\alpha_1}{3t_1}r\end{aligned}\tag{5.15}$$

与式(5.13)相比，可以看出，纯捆绑策略下，平台A对卖方的定价降低，加剧了两平台对卖方的竞争，使得平台B降低了对卖方的定价。而平台两边的用户规模分别为

$$n_{A_1}^P=n_1^c+\frac{\alpha_1(\alpha_1-\alpha_2)}{6t_1\tau}p_{A_1}^P+\frac{\alpha_1^2}{6t_1\tau}r,$$

$$n_{A_2}^P=\frac{1}{2}+\frac{\alpha_1-\alpha_2}{6\tau}p_{A_1}^P+\frac{\alpha_1}{6\tau}r$$

$$n_{B_1}^P=n_1^c+\frac{6\tau-\alpha_1(\alpha_1-\alpha_2)}{6t_1\tau}p_{A_1}^P-\frac{\alpha_1^2}{6t_1\tau}r,$$

$$n_{B_2}^P=\frac{1}{2}-\frac{\alpha_1-\alpha_2}{6\tau}p_{A_1}^P-\frac{\alpha_1}{6\tau}r$$

纯捆绑策略较搭售策略增加了平台A两边的用户规模，减少了平台B在卖方的用户规模，导致平台B在买方的用户规模也相应地减少。此时，纯捆绑策略具有排他性的作用。纯捆绑下两平台的利润分别为：

$$\pi_A^P=\pi^c+\frac{[(\alpha_1-\alpha_2)^2-18\tau](p_{A_1}^P)^2+6(\alpha_1-\alpha_2)\tau p_{A_1}^P}{18t_1\tau}$$

$$+\frac{\alpha_1^2 r^2 + 6\alpha_1 \tau r - \varphi p_{A_1}^P r}{18 t_1 \tau}$$

$$\pi_B^P = \pi^c + \frac{(\alpha_1 - \alpha_2)^2 (p_{A_1}^P)^2 + 6(\alpha_1 - \alpha_2)\tau p_{A_1}^P}{18 t_1 \tau}$$

$$-\frac{\alpha_1^2 r^2 + 2\alpha_1 (3\tau + (\alpha_2 - \alpha_1) p_{A_1}^P) r}{18 t_1 \tau}$$

其中，$\varphi = 18t_1t_2 - 16\alpha_1\alpha_2 - 2\alpha_1^2$。

命题 5.4　假设 $\theta < -p_{A_1}^{uc}$，r 趋于 0 时，当平台 A 采取纯捆绑策略时，平台 A 的利润较搭售时减少。如果 $3\tau > (\alpha_2 - \alpha_1)\theta$，则平台 B 的利润也减少。

证明：当平台 A 采用纯捆绑策略且 $\theta < -p_1^{uc}$ 时，相较其采用搭售策略时的利润变化为：

$$\frac{d(\pi_A^P - \pi_A^T)}{r} = \frac{3\alpha_1\tau + \theta(9\tau + \alpha_1(\alpha_2 - \alpha_1)) + \alpha_1^2 r}{9t_1\tau} - 1$$

由于 θ 值较小，因此，在 $r = 0$ 处，值为负，平台 A 较喜欢搭售。

平台 B 的利润变化为：

$$\frac{d(\pi_B^P - \pi_B^T)}{r} = \frac{\alpha_1(-3\tau + \theta(\alpha_2 - \alpha_1)) + \alpha_1 r}{9t_1\tau}$$

如果 $-3\tau + \theta(\alpha_2 - \alpha_1) < 0$，则在 $r = 0$ 处，值为负，平台 B 较喜欢搭售。

由此可以得到，当捆绑商品价格 θ 值较小，且 r 趋于 0 时，两平台较喜欢搭售策略，而纯捆绑策略具有排他性的作用。

5.3.2　两个平台采取捆绑策略

(1) 两个平台采取混合捆绑策略

本小节讨论两个平台均采取混合捆绑(搭售) 策略的情形。为了便于研究，假设两平台提供商品的价值均为 θ，所有不参与平台交易的买方用户也会购买商品。捆绑的价格为p，$p_{k_1}=p-\theta$表示捆绑中隐性的价格补贴，非负定价约束可以写为$p_{k_1}+\theta\geqslant 0$。用户需求函数与前面的式(5.5)相同，搭售使得两平台放松了非负定价约束，则搭售下两平台的利润最大化问题为：

$$\max_{\text{s.t. } p_{k_1}\geqslant-\theta \text{ and}(5.5)}(p_{k_1}N_{k_1}+p_{k_2}n_{k_2})+(\theta-c) \tag{5.16}$$

显然，当捆绑商品θ值较大时，$\theta>-p_1^u$，则均衡结果对应于无约束情形的均衡解，$p_{k_i}=p_i^u$，捆绑价格为$p=p_i^u+\theta$。当θ值较小时，对买方提供免费捆绑($p=0$)，$p_{k_1}^{TT}=-\theta$，负的服务费由捆绑商品的价值补偿。

由平台对卖方的价格函数，

$$p_{A_2}=p_2^c-\frac{\alpha_2+2\alpha_1}{3t_1}p_{A_1}+\frac{\alpha_2-\alpha_1}{3t_1}p_{B_1}$$

$$p_{B_2}=p_2^c-\frac{\alpha_2+2\alpha_1}{3t_1}p_{B_1}+\frac{\alpha_2-\alpha_1}{3t_1}p_{A_1}$$

可得，两平台对卖方的均衡价格为：

$$p_{A_2}^{TT}=p_{B_2}^{TT}=\frac{t_1t_2-\alpha_1\alpha_2+\theta\alpha_1}{t_1}$$

两边用户的单归属数量为：

$$n_{A_1}^{TT}=n_{B_1}^{TT}=\frac{2t_1-\alpha_1-2\theta}{2t_1}\qquad n_{A_2}^{TT}=n_{B_2}^{TT}=\frac{1}{2}$$

实现均衡时，两平台获得的利润为：

$$\pi_A^{TT}=\pi_B^{TT}=\frac{t_1t_2-\alpha_1\alpha_2-2\theta^2}{2t_1}+\theta-c$$

当两平台均采取搭售策略，且搭售商品θ值较小时，买方的价格都减少θ，卖方的价格增加$\alpha_1\theta/t_1$，且买方的用户规模增加，买方的不变，即$p_{k_1}^{TT}<p_1^c$，$p_2^u>p_{k_2}^{TT}$，$N_{k_1}^{TT}>N_{k_1}^c$。两平台利润的变化不确定。

命题 5.5　买方部分多归属而卖方完全单归属的情形下，若两平台均采用搭售策略，则双寡头平台竞争实现均衡时，与无捆绑的情形相比，当 $t_1 > \theta^2/(\theta - c)$ 时，两平台的利润升高，反之，则降低。

(2) 两个平台采取纯捆绑策略

两个平台均采取纯捆绑(搭售)策略时，捆绑的价格为 p，$p_{k_1} = p - \theta$ 表示捆绑中隐性的价格补贴，则纯捆绑下，两平台的利润最大化问题变为：

$$\max\Big(\underset{\text{s. t. } p_{k_1} \geqslant -\theta \text{ and}(5.5)}{p_{k_1}} + r\Big) N_{k_1} + p_{k_2} n_{k_2} \tag{5.17}$$

当 $r = 0$ 时，纯捆绑策略与搭售策略下平台的均衡价格和利润是相同的。当 $r \neq 0$ 时，纯捆绑下的均衡分析类似于搭售的情形。当捆绑商品 θ 值较大时，$\theta > -p_1^u$，则均衡结果与无约束情形一致，$p_{k_i} = p_i^u$。当 θ 值较小时，对买方提供免费捆绑，$p_{k_1}^{PP} = -\theta$。

纯捆绑下，平台对卖方的定价分别为：

$$p_{A_2}^{PP} = p_{B_2}^{PP} = \frac{t_1 t_2 - \alpha_1 \alpha_2 + c\alpha_1}{t_1} \tag{5.18}$$

两边用户的单归属数量为：

$$n_{A_1}^{PP} = n_{B_1}^{PP} = \frac{2t_1 - \alpha_1 - 2\theta}{2t_1} \qquad n_{A_2}^{PP} = n_{B_2}^{PP} = \frac{1}{2}$$

两平台的利润为：

$$\pi_A^{PP} = \pi_B^{PP} = \frac{t_1 t_2 - \alpha_1 \alpha_2 - 2c\theta}{2t_1}$$

可以看出，当捆绑商品 θ 值较小时，与搭售情形相比，两平台对买方的价格相同，对卖方的价格下降，平台两边的用户规模不变，平台利润小于搭售下的平台利润。

综上可得，当两平台均采取捆绑策略时，无论捆绑商品 θ 值的大小，搭售策略下的平台利润均优于纯捆绑策略下的平台利润。因为搭售策略使得平台可获得不参与平台交易的用户购买商品的利润。所以，两平台会选择搭售策略。

5.4　社会福利分析

在双边市场中，两个平台及加入平台交易的两边用户，三者共同组成一个经济体，相互依存，相互影响。下面分析捆绑销售策略对整个社会福利的影响。均衡时，社会福利为平台企业利润和两边用户的效用之和，即：

$$W = \sum_{k=1}^{2} \pi_k + \sum_{k=1}^{2} u_{b_k} + \sum_{k=1}^{2} u_{s_k} \tag{5.19}$$

加入两平台的最终用户后，买方的消费者剩余为：

$$\begin{aligned} \mathrm{CS}_1 = & \int_0^{n_{A_1}} (v + \alpha_1 n_{A_2} - t_1 x - p_{A_1}) \mathrm{d}x \\ & + \int_{n_{A_1}}^{1-n_{B_1}} (v + \alpha_1 - t_1 - p_{A_1} - p_{B_1}) \mathrm{d}x \\ & + \int_{1-n_{B_1}}^{1} (v_1 + \alpha_1 n_{B_2} - t_1(1-y) - p_{B_1}) \mathrm{d}y \end{aligned}$$

卖方的消费者剩余为：

$$\begin{aligned} \mathrm{CS}_2 = & \int_0^{n_{A_2}} (v + \alpha_2 N_{A_1} - t_2 x - p_{A_2}) \mathrm{d}x \\ & + \int_{n_{A_2}}^{1} (v + \alpha_2 N_{B_1} - t_2(1-x) - p_{B_2}) \mathrm{d}x \end{aligned}$$

根据前文，当双寡头平台竞争无非负定价约束，且均衡时有：

$$p_1^u = \frac{1}{4}(\alpha_1 - \alpha_2), \quad p_2^u = \frac{1}{4t_1}(4t_1 t_2 - 3\alpha_1\alpha_2 - \alpha_1^2)$$

$$n_1^u = \frac{1}{4t_1}(4t_1 - \alpha_1 - \alpha_2), \quad n_2^u = \frac{1}{2}$$

则两边用户的消费者剩余为：

$$CS^{u}=2v+\frac{1}{16t_1}(5\alpha_1^2+5\alpha_2^2+18\alpha_1\alpha_2-20t_1t_2)$$

将相关均衡解代入式(5.19)，可得社会总福利为：

$$W^{u}=2v+\frac{3(\alpha_1+\alpha_2)^2}{16t_1}-\frac{t_2}{4}$$

当平台受非负定价约束时，对买方定价为0，即$p_{A_1}=p_{B_1}=0$。根据前文，当双寡头平台竞争受非负定价约束，且均衡时有：

$$p_2^c=\frac{t_1t_2-\alpha_1\alpha_2}{t_1},\qquad n_1^c=\frac{1}{2t_1}(2t_1-\alpha_1),\qquad n_2^c=\frac{1}{2}$$

则两边用户的消费者剩余为：

$$CS^{c}=2v+\frac{1}{4t_1}(\alpha_1^2+6\alpha_1\alpha_2-5t_1t_2)$$

将相关均衡解代入式(5.19)，可得社会总福利为：

$$W^{c}=2v+\frac{1}{4t_1}(\alpha_1^2+2\alpha_1\alpha_2-t_1t_2)$$

通过比较，可以发现，当两平台受非负定价约束时，平台两边用户的消费者剩余减少，社会总福利减少。下面分析双边平台分别采取搭售策略和纯捆绑策略放松非负定价约束对社会福利的影响。

5.4.1　一个平台采取捆绑策略

(1) 一个平台采取搭售策略

当一个平台采取搭售策略时，平台对买方的隐形价格补贴$p_{A_1}^{T}$受捆绑商品价值θ大小的影响($p_{A_1}^{T}=\max\{-\theta,\ p_{A_1}^{uc}\}$)。根据前文，当双寡头平台竞争，平台$A$采用搭售策略，且均衡时有：

$$p_{A_2}^T = p_2^c - \frac{2\alpha_1 + \alpha_2}{3t_1} p_{A_1}^T, \qquad p_{B_2}^T = p_2^c + \frac{\alpha_2 - \alpha_1}{3t_1} p_{A_1}^T$$

$$n_{A_1}^T = n_1^c + \frac{\alpha_1(\alpha_1 - \alpha_2)}{6t_1\tau} p_{A_1}^T, \qquad n_{A_2}^T = \frac{1}{2} + \frac{\alpha_1 - \alpha_2}{6\tau} p_{A_1}^T$$

$$n_{B_1}^T = n_1^c + \frac{6\tau - \alpha_1(\alpha_1 - \alpha_2)}{6t_1\tau} p_{A_1}^T, \qquad n_{B_2}^T = \frac{1}{2} - \frac{\alpha_1 - \alpha_2}{6\tau} p_{A_1}^T$$

则两边用户的消费者剩余为：

$$\mathrm{CS}^T = 2v + \frac{1}{36t_1\tau^2}\Big[(\alpha_2^2 t_1 t_2 + 4\alpha_1^3\alpha_2 + 13\alpha_1^2\alpha_2^2 + 18t_1^2t_2^2 - 5\alpha_1^2 t_1 t_2 + \alpha_1^4)(p_{A_1}^T)^2 - 18\alpha_2\tau^2 p_{A_1}^T + 144\alpha_1\alpha_2 t_1^2 t_2^2 - 153\alpha_1^2\alpha_2^2 t_1 t_2 + 54\alpha_1^3\alpha_2^3\Big]$$

将相关均衡解代入式(5.19)，可得社会总福利为：

$$W^T = 2v + \frac{1}{36t_1\tau^2}\Big[(5\alpha_2^2 t_1 t_2 - 4\alpha_1\alpha_2^3 - 15\alpha_1^2\alpha_2^2 - 18t_1^2t_2^2 - \alpha_1^2 t_1 t_2 + \alpha_1^4 + 32\alpha_1\alpha_2 t_1 t_2)(p_{A_1}^T)^2 - 18\alpha_2\tau^2 p_{A_1}^T + 36\alpha_1\alpha_2 t_1^2 t_2^2 - 45\alpha_1^2\alpha_2^2 t_1 t_2 + 18\alpha_1^3\alpha_2^3 - 9t_1^3t_2^3 + 9\alpha_1^2 t_1^2 t_2^2 - 18t_1 t_2\alpha_1^3\alpha_2 + 9\alpha_1^4\alpha_2^2\Big]$$

命题 5.6　买方部分多归属而卖方完全单归属的双寡头平台竞争情形下，若平台 A 采用搭售策略，则平台两边用户的消费者剩余和社会总福利增加。

证明：平台 A 采取搭售策略时，买方消费者剩余的变化为：

$$\mathrm{CS}_1^T - \mathrm{CS}_1^C = \frac{p_{A_1}^T}{36t_1\tau^2}\Big[-18\alpha_1\tau^2 + (\tau(18t_1t_2 - 12\alpha_1\alpha_2 - 6\alpha_1^2) + (\alpha_1^2 - \alpha_1\alpha_2)^2)p_{A_1}^T\Big]$$

值为正，则买方的消费者剩余增加。

卖方的消费者剩余的变化为：

$$\mathrm{CS}_2^T - \mathrm{CS}_2^C = \frac{p_{A_1}^T(\alpha_1 - \alpha_2)}{36t_1\tau^2}[18\tau^2 + t_1t_2(\alpha_1 - \alpha_2)p_{A_1}^T]$$

值为正，则卖方的消费者剩余增加。

$$CS^T - CS^C = \frac{p_{A_1}^T}{36t_1\tau^2}\Big[-18\alpha_1\tau^2 + (\tau(18t_1t_2 - 14\alpha_1\alpha_2 - 4\alpha_1^2) + (t_1t_2 - \alpha_1^2)(\alpha_2^2 - \alpha_1^2))p_{A_1}^T\Big]$$

因此，总的消费者剩余也是增加的。

社会福利的变化为：

$$W^T - W^C = \frac{-p_{A_1}^T}{36t_1\tau^2}\Big[18\alpha_2\tau^2 + (\tau(-18t_1t_2 + 14\alpha_1\alpha_2 + 4\alpha_2^2) + (\alpha_2^2 - \alpha_1^2)(t_1t_2 - \alpha_1^2))(-p_{A_1}^T)\Big] + \theta - c$$

值为正，则社会总福利是增加的。

搭售使得平台 A 两边的用户规模增加，而平台 B 两边的用户规模减少，但总体来说，两边用户的消费者剩余增加，则总的消费者剩余是增加的。平台采取搭售策略提高了社会总福利。

(2) 一个平台采取纯捆绑策略

当一个平台采取纯捆绑策略时，平台对买方的隐形价格补贴 $p_{A_1}^P$ 受捆绑商品 θ 值大小的影响($p_{A_1}^P = \max\{-\theta,\ p_{A_1}^{uc}(r)\}$)。根据前文，当双寡头平台竞争，平台 A 采用纯捆绑策略，且均衡时有：

$$p_{A_2}^P = p_2^c - \frac{2\alpha_1 + \alpha_2}{3t_1}p_{A_1}^P - \frac{2\alpha_1}{3t_1}r,$$

$$p_{B_2}^P = p_2^c + \frac{\alpha_2 - \alpha_1}{3t_1}p_{A_1}^P - \frac{\alpha_1}{3t_1}r$$

$$n_{A_1}^P = n_1^c + \frac{\alpha_1(\alpha_1 - \alpha_2)}{6t_1\tau}p_{A_1}^P + \frac{\alpha_1^2}{6t_1\tau}r,$$

$$n_{A_2}^P = \frac{1}{2} + \frac{\alpha_1 - \alpha_2}{6\tau}p_{A_1}^P + \frac{\alpha_1}{6\tau}r$$

$$n_{B_1}^P = n_1^c + \frac{6\tau - \alpha_1(\alpha_1 - \alpha_2)}{6t_1\tau}p_{A_1}^P - \frac{\alpha_1^2}{6t_1\tau}r,$$

$$n_{B_2}^P = \frac{1}{2} - \frac{\alpha_1 - \alpha_2}{6\tau} p_{A_1}^P - \frac{\alpha_1}{6\tau} r$$

则两边用户的消费者剩余为：

$$\mathrm{CS}^P = 2v + \frac{1}{36t_1\tau^2}\Big[(\alpha_2^2 t_1 t_2 + 4\alpha_1^3\alpha_2 + 13\alpha_1^2\alpha_2^2 + 18t_1^2t_2^2 - 5\alpha_1^2 t_1 t_2 + \alpha_1^4)(p_{A_1}^P)^2 - 18\alpha_2\tau^2 p_{A_1}^P + 144\alpha_1\alpha_2 t_1^2 t_2^2 - 153\alpha_1^2\alpha_2^2 t_1 t_2 + 54\alpha_1^3\alpha_2^3 + \alpha_1^2(\alpha_1^2 + t_1 t_2)r^2 + 18\alpha_1\tau^2 r - 2p_{A_1}^P(\alpha_1^2(t_1 t_2 - \alpha_1^2) + \alpha_1\tau(\alpha_1 + \alpha_2))r\Big]$$

将相关均衡解代入式(5.19)，可得社会总福利为：

$$W^P = 2v + \frac{1}{36t_1\tau^2}\Big[(5\alpha_2^2 t_1 t_2 - 4\alpha_1\alpha_2^3 - 15\alpha_1^2\alpha_2^2 - 18t_1^2t_2^2 - \alpha_1^2 t_1 t_2 + \alpha_1^4 + 32\alpha_1\alpha_2 t_1 t_2)(p_{A_1}^P)^2 - 18\alpha_2\tau^2 p_{A_1}^P + 36\alpha_1\alpha_2 t_1^2 t_2^2 - 45\alpha_1^2\alpha_2^2 t_1 t_2 + 18\alpha_1^3\alpha_2^3 - 9t_1^3t_2^3 + 9\alpha_1^2 t_1^2 t_2^2 - 18t_1 t_2\alpha_1^3\alpha_2 + 9\alpha_1^4\alpha_2^2 + \alpha_1^2(5t_1 t_2 - 4\alpha_1\alpha_2 + \alpha_1^2)r^2 + 18\alpha_1\tau^2 r + (\tau(-36t_1 t_2 + 26\alpha_1\alpha_2 + 4\alpha_1^2) - 2\alpha_1^2(\alpha_2^2 - \alpha_1^2))p_{A_1}^P r\Big]$$

命题 5.7 买方部分多归属而卖方完全单归属的双寡头平台竞争情形下，若平台 A 采用纯捆绑策略且捆绑商品价格 θ 值较小，则平台两边用户的消费者剩余和社会总福利增加。

证明：平台 A 采取搭售策略时，买方消费者剩余的变化为：

$$\mathrm{CS}_1^P - \mathrm{CS}_1^T = \frac{-2\alpha_1^2 r\theta(-3t_1 t_2 + 2\alpha_1\alpha_2 + \alpha_1^2) + \alpha_1^4 r^2}{36t_1\tau^2}$$

较搭售时增加。

卖方消费者剩余的变化为：

$$\mathrm{CS}_2^P - \mathrm{CS}_2^T = \frac{18\alpha_1\tau^2 r + t_1 t_2\alpha_1^2 r^2 - 2\alpha_1 r t_1 t_2(\alpha_1 - \alpha_2)\theta}{36t_1\tau^2}$$

较搭售时增加。

$$\mathrm{CS}^P-\mathrm{CS}^T=\frac{18\alpha_1\tau^2r+(t_1t_2+\alpha_1^2)\alpha_1^2r^2+2\theta(\alpha_1^2(t_1t_2-\alpha_1^2)+\alpha_1\tau(\alpha_1+\alpha_2))r}{36t_1\tau^2}>0$$

因此，总的消费者剩余也是增加的。

社会福利的变化为：

$$W^P-W^T=\frac{1}{36t_1\tau^2}[\alpha_1^2(5t_1t_2-4\alpha_1\alpha_2+\alpha_1^2)r^2+18\alpha_1\tau^2r$$

$$-(\tau(-36t_1t_2+26\alpha_1\alpha_2+4\alpha_1^2)-2\alpha_1^2(\alpha_2^2-\alpha_1^2))\theta r]>0$$

则社会总福利是增加的。

由上可得，当隐性补贴较小时，较搭售策略，纯捆绑策略使得平台两边用户的消费者剩余增加，提高了社会总福利。

5.4.2　两个平台采取捆绑策略

(1) 两个平台采取搭售策略

由上文可知，当两平台均采取捆绑销售策略时，若捆绑商品 θ 值较大，则均衡时所得解与无约束均衡解相同。若 θ 值较小，根据前文，当两平台均采用搭售策略，且均衡时有：

$$p_{k_1}^{TT}=-\theta,\qquad p_{k_2}^{TT}=\frac{t_1t_2-\alpha_1\alpha_2+\theta\alpha_1}{t_1},$$

$$n_{k_1}^{TT}=\frac{2t_1-\alpha_1-2\theta}{2t_1},\qquad n_{k_2}^{TT}=\frac{1}{2}$$

则两边用户的消费者剩余为：

$$\mathrm{CS}^{TT}=2v+\frac{1}{4t_1}(\alpha_1^2+6\alpha_1\alpha_2-5t_1t_2+4\theta^2+4\theta\alpha_2)$$

将相关均衡解代入式(5.19)，可得社会总福利为：

$$W^{TT}=2v+\frac{1}{4t_1}(\alpha_1^2+2\alpha_1\alpha_2-t_1t_2+4\theta\alpha_2-4\theta^2)+2(\theta-c)$$

命题 5.8　买方部分多归属而卖方完全单归属的双寡头平台竞争情

形下，若两平台均采用搭售策略，则较无捆绑的情形，平台两边用户的消费者剩余和社会总福利增加。

(2) 两个平台采取纯捆绑策略

根据前文，当两平台均采用纯捆绑策略，捆绑商品 θ 值较小，且均衡时有

$$p_{k_1}^{PP} = -\theta, \quad p_{k_2}^{PP} = \frac{t_1 t_2 - \alpha_1 \alpha_2 + c\alpha_1}{t_1},$$

$$n_{k_1}^{PP} = \frac{2t_1 - \alpha_1 - 2\theta}{2t_1}, \quad n_{k_2}^{PP} = \frac{1}{2}$$

则两边用户的消费者剩余为：

$$\mathrm{CS}^{PP} = 2v + \frac{1}{4t_1}(\alpha_1^2 + 6\alpha_1\alpha_2 - 5t_1 t_2 + 4\theta^2 + 4\alpha_2\theta + 4\alpha_1\theta - 4\alpha_1 c)$$

将相关均衡解代入式(5.19)，可得社会总福利为：

$$W^{PP} = 2v + \frac{1}{4t_1}(\alpha_1^2 + 2\alpha_1\alpha_2 - t_1 t_2 + 4\alpha_1\theta + 4\alpha_2\theta - 4\theta^2 - 8c\theta - 4\alpha_1 c)$$

通过比较可以发现，纯捆绑策略下平台两边的消费者剩余和社会总福利均高于搭售策略下的情形。但是，由于两平台均采取搭售策略下的平台利润较高，因此，当两平台均采取捆绑策略时，更喜欢搭售策略。

5.5 本章小结

双边市场平台企业受非负定价约束，利用捆绑销售策略，通过免费或按折扣价销售捆绑的商品和服务，最终实现了对用户的隐性价格补贴。另外，用户部分多归属是双边市场中的常态行为，本章在竞争平台有差异且用户部分多归属的情形下，研究了双边平台分别采取混合捆绑(搭售)与纯捆绑策略对市场均衡的影响，并得到以下主要结论：

当一个平台采取捆绑策略时：①定价方面。平台通过采取捆绑销售策略对买方实施隐性的价格补贴来吸引更多的用户到平台上交易，对卖

方制定较高的价格以获取利润。而无捆绑平台受非负定价约束，对买方的价格为零，对卖方的价格下降。此外，与搭售情形相比，纯捆绑下，当隐性补贴较小时，平台对买方的定价相等，对卖方的定价下降；当隐性补贴较大时，平台对买方的定价下降，对卖方的定价上升，而无捆绑平台对卖方的定价也下降。

②需求方面。平台采用捆绑销售策略，使得平台两边的用户规模增加，而无捆绑平台的用户规模逐渐减少。此外，纯捆绑策略较搭售策略更进一步增加了平台两边的用户规模，而减少了无捆绑平台的用户规模。

③利润方面。捆绑销售策略使得平台的利润升高，而无捆绑平台的利润降低。这说明平台企业具有采取捆绑销售策略的激励，也解释了大多数电子商务平台采取捆绑销售策略的原因。当隐性补贴较小时，搭售较纯捆绑策略更进一步增加了平台利润。

④消费者剩余和社会福利方面。在本章的模型中，平台采用捆绑销售策略，对用户进行隐性价格补贴，提高了消费者剩余，以及整个社会福利。这意味着，总体而言，捆绑销售对社会是有利的。而且，纯捆绑较搭售策略更有利于整个社会福利的提高。

当两个平台均采取捆绑策略时，无论捆绑商品 θ 值的大小，混合捆绑策略下的平台利润均优于纯捆绑策略下的平台利润。所以，两平台均会选择混合捆绑策略。上述结论的政策含义较明显。传统单边市场中捆绑策略一般会被认为是企业通过价格歧视排除竞争对手或者阻碍潜在进入对手进入市场的手段，往往会受到反托拉斯当局及相关政府部门限制。而在双边市场中，平台采取捆绑销售策略，使得平台对双边用户定价的非对称程度提高了，貌似存在价格歧视行为，容易引起反托拉斯当局及反垄断政策制定者的关注。但是，本章的研究也表明，双边平台企业采取捆绑策略，能够扩大平台服务用户的范围，拓展用户基础，使平台积累两边用户规模。通过实施捆绑销售策略，双边平台可以更好地平衡平台参与者的利益，不仅可以提高平台的利润，还能增加消费者剩余及整个社会福利，因此，双边平台企业捆绑的动机与传统单边市场中企业捆绑的动机不同，政府规制部门对平台实施捆绑销售行为的干预要谨慎。

第六章　电子商务网络购物平台拓展用户基础的策略分析

网络购物作为电子商务的一种形式，凭借着覆盖面广、方便快捷等优势正逐渐被消费者和供应商们所接受，其发展速度尤为迅猛。正是由于网络购物平台对整个现代社会生活的重要意义，本章以其为例，首先，在介绍网络购物平台发展历程及现状之后，从经济学角度出发分析了网络购物平台的双边市场特性，并指出网络购物这种新型的平台模式与传统实体店的差异；其次，利用所研究理论对网络购物平台拓展用户基础实施的互联互通、兼并及捆绑销售策略进行了实践案例分析。本章的作用在于验证本书第三章到第五章的理论结论，从而更好地理解本书所研究内容在现实企业运营中的实际意义。

6.1　背景介绍

中国网络购物行业经过了十几年的探索和不断前行，整个市场环境已经有了显著的改善和提高，并出现了快速增长的态势。据中国电子商务研究中心报告[174]，从 2003 年到 2011 年，中国网络零售市场的平均增长速度是 120%，到 2019 年，在不到 20 年的时间里已经达到近 10.63 万亿元的规模，高居全球第一。截至 2019 年底，我国网民多达 8.5 亿多人，其中网络购物用户规模达到 7.10 亿，2018 年网络购物用户规模为 5.7 亿，同比增长 28.42%。网络购物市场的迅速发展已成为电子商务发展的原动力和驱动力。而淘宝“双十一”活动自2009年创办初始到2019年，交易总额从5200万元增长到2684亿元，十多年间几何级的增长见证了网络购物爆发式的成长，充分说明了网络购物已是现代商品交易的重要方式之一。与传统交易相比，网络购物没有时间、地域限制，方便快捷，经营成本大幅度减少，且商品价格相对较低，彻底打破了传统实体店高成本、低效率的商业模式，给传统实体店的运营和管理带来了巨大冲击。电子商务网络购物是经济和信息技术发展并相互作用的必然产物，已然引起了传统实体店商业模式的颠覆性变革。

6.1.1 网络购物平台的发展历程及现状

(1)网络购物平台的发展历程

世界范围内，网络购物平台的最初模型便是1995年9月波尔·欧米迪亚(Pierre Omidyar)成立的C2C网上拍卖网站。该网站成立之初，可以看作一个简单的拍卖平台，交易过程也较为简单，即卖家在平台上将拍卖商品发布，再由各位买家自行竞价，最终出价最高者与卖家完成交易。在上述交易过程中，买家仅仅是根据卖家提供的图片或者描述来判断或决定是否购买发布的商品，买卖双方并无直接联系，且交易中资金与商品在买卖双方之间的流动过程中也无任何担保。随着互联网科技的迅猛发展和人们现实需求的不断增长，网站上的拍卖业务也随之发展迅速，他便开始创建发展网络交易业务，最早的网络交易平台也随之孕育而生。网络交易平台发展得也越来越成熟和完善，该网站在1997年被正式命名为ebay。

ebay网因先发优势在在线拍卖领域一直占据着主导地位，但是在互联网技术超乎寻常发展的今天，不可能一直独领风骚，受到了来自亚马逊等综合性大网站及针对细分市场的小电子商务网站等各方面对手日益激烈的竞争和冲击。客户的不断流失让ebay感受到了前所未有的压力。从1995年eBay成立至今，网络购物平台经历了二十余年的发展和变迁，交易方式早已不再局限于最初的简单拍卖，而是在不断创新和发展。但万变不离其宗，网络购物平台的本质就是以互联网为基础的一个在线交易平台。

在经济全球化以及互联网迅猛发展的背景下，我国的电子商务网络购物从无到有，发展迅速。其中，易趣又是最具有代表性的网络购物网站。从1999年成立之初短短不到半年的时间，注册的用户和登录商品便呈几何级数迅猛增加，并引起了ebay的注意。2004年6月，公司被ebay全面接管，更名为易趣ebay，进入了面向国际市场的易趣ebay时代。但是易趣网在发展过程中面临着国内电子商务的环境欠佳和基础设施不健全的窘境，由于在诚信建设和概念推广上先期投资巨大，一直未能实现盈利。之后，淘宝、一拍等强势竞争对手的加入，打破了易趣网亏损面逐渐缩小，盈利在望的大好形势。除外部因素外，易趣网与ebay的仓促对接以及自身一些决策和战略上的失误，也是其陷入苦战泥沼，丧失许多机会与原本竞争优势的重要原因。

而淘宝网作为后起之秀，之所以能够后发制人，从原市场领先者易趣ebay手中抢夺市场份额，是因为其针对当时中国绝大部分网民没有接触过网购，面对新生事物存在防备心，希望能以最低的成本及风险开展网络购物的情况，采取了不同于易趣ebay的策略，即用户推动策略。具体而言，易趣采取收费策略以及设立买家卖家准入门槛等措施，将这些潜在的用户群挡在了门外。而与之相对应的是，淘宝网采取了免费及降低市场进入门槛的策略，淘宝的上述得当策略使得其市场业绩迅速上升。在2005年，其交易额首次超过了易趣，并最终取代易趣，在市场中占据绝对优势地位。直至现在，在整个网络零售市场中，淘宝网仍然占有较大的市场份额。本章中所研究的淘宝网包含之前在其旗下的天猫以及聚划算。

(2) 网络购物平台的发展现状

网络购物交易量增长迅速。随着互联网在人们生活中的迅速普及和不断渗透，以互联网为媒介的连接买家和卖家进行商品交易的网络购物平台发展迅猛，网络购物的交易数量和规模成倍增长，其速度已大大超过传统商业的发展。目前，我国已成为世界最大的网络零售市场。据统计，2019 年我国网上交易规模约 10.63 万亿元(见图 6.1)，相比 2018 年同比增长 16.5%。其中，实物商品网上零售额占社会消费品零售总额的比重为 20.7%，较 2018 年的 18.4%，增幅提高了 2.3%[174]。2015 年 3 月，李克强总理在政府工作报告中首次提出了制订“互联网+”行动计划。政府的高度重视和大力支持也刺激了网络零售市场的快速增长。可以说，网络购物已成为拉动中国内需市场的主要驱动力和国民经济发展的重要引擎。

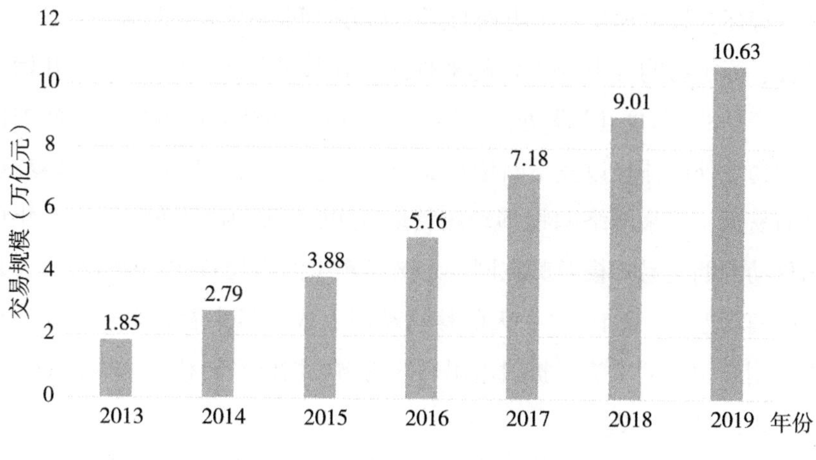

图 6.1　中国网络零售市场交易规模

网络购物消费群体和范围不断扩大。从年龄结构上看，2019 年，互联网在 80 后、90 后人群中的覆盖率为 59%左右，80 后、90 后等互联网普及程度更高的用户成为消费中坚力量，而 90 后的崛起和 00 后的增长潜力或许将影响中国互联网产业以后的发展。互联网购物突破了传统商业对购物主体年龄、体力、身体条件等的束缚和限制，使各年龄阶段的消费者都能享受到快捷生活所带来的种种快乐与便捷。从地域范围看，网络购物的范围不断扩展，典型电商企业不断从最开始的一二线城市向三四线城市甚至农村市场扩张，并且将触角伸到国外，不断强化自身国际化战略布局。而县城、广大农村也将面临更加广阔的开拓空间。在传统商务模式中，这些地方为消费者提供的商品种类较少，积累了大量未实现的购买需求，而网络购物平台突破了地域的约束，消费者的购买能力释放出来便可大幅度提高销售额。淘宝网的成功某种程度上正是得益于中国当时尚不发达的零售体系，其利用网络极大地拓展了网络购物的时间和空间，极大地激发了各地消费者的购买需求。

网络购物从 PC 端向移动端发展是大势所趋。随着手机技术的不断成熟和智能化功能的不断完善，手机移动端上网已经逐渐取代了传统电脑及 PC，具有不受地域限制、碎片化、互动性、传播效率高、转化率高等特征，极大地拉近了电商与买卖双方之间的距离。天猫、京东、唯品会、苏宁易购等电商平台越来越注重在移动端上"下工夫"，开始了自身产品的"深度化"跃进，具体表现在内容和社区两方面。不断加深的购物之外的体验以及不断增加品类和新业务，使得移动端持续渗透。显而易见，未来网络购物移动端将取代 PC 端成为"主角"。2015 年中国移动网购交易规模及其在网购总交易额中的占比首次超越 PC 端，从各电商卖家在"双十一"一天的移动端网上成交量来看，手机移动端已成为用户网购的主流，折射出用户的购物习惯已经转移。中国移动网购交易规模见图 6.2。

支付方式的完善和物流快递行业的发展为网络购物的发展提供了保障。货到付款、网上银行、支付宝、微信等多种支付方式的出现和发展，为买卖双方交易支付的完成提供了多样化的选择和极大的便利。同时网络购物与物流快递行业相互促进，共同发展。伴随着互联网交易的飞速发展，快递行业如雨后春笋般不断茁壮成长，多家企业如顺丰等积极进入市场，加速自身的布局和扩张。物流快递行业的飞速发展也缩短了互联网买卖双方交易完成的时间，为互联网买卖双方均带来了极大的方便。

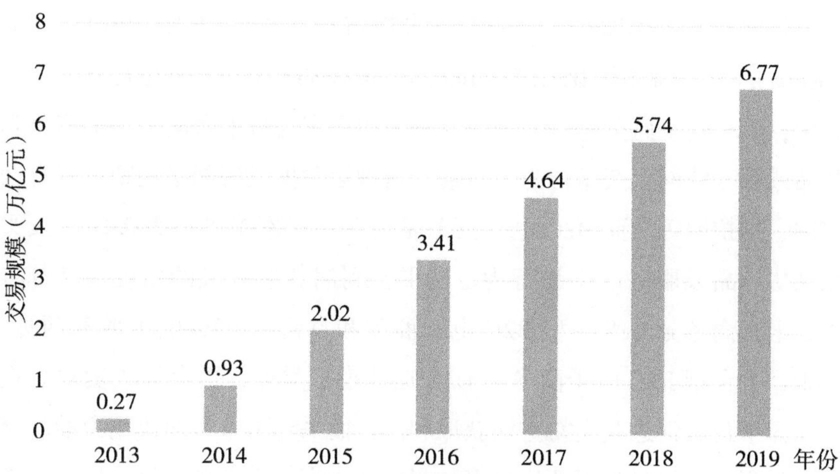

图 6.2 中国移动网购交易规模

移动互联网、云计算以及大数据等新一代信息科技技术的广泛应用，已成为网络购物平台发展的重要方向之一。越来越多的消费者习惯于在网上购买商品，这为网络购物平台积累大量信息创造了条件，并形成了新的竞争利器——大数据。大数据的优势就在于消除了消费者与厂商之间存在的信息不对称，能够对消费者的购买行为进行数据采集和分析，从而提供更好的个性化服务。以阿里巴巴为例，旗下坐拥"淘宝"及"支付宝"两大交易平台，拥有了相对完整的用户数据信息，在互联网云计算系统的支持下，通过对消费者各种购物行为和消费特征进行系统的总结与分析，然后根据其现阶段的消费需求和目标，有针对性地寻找相应商品的制造厂商为消费者提供个性化的服务，并进行商品推介，最终促进双方达成交易[175-176]，大大提高了交易的成功率。网络销售与大数据的紧密结合，在未来将使整个网络零售系统更加完善，也有助于消费者及时搜索到所需信息，并选购下单。

6.1.2 网络购物平台的分类

双边市场中，网络购物作为一种服务消费者和小型商家网上购买和销售的交易平台，主要可分为以下几种形式：

根据交易主体的不同，网络购物市场可分为 C2C(Customer to Customer)电子商务和 B2C(Business to Customer)电子商务两大类[177-178]。其中，C2C 电子商务是一种个人或中小型卖家通过平台向个人买家售卖产品或服务的网上交易行为。目前，这种运营模式的网络购物平台有淘宝网、拍拍网等。而 B2C 电子商务是企业通过网络平台直接向个人买家销售产品或服务的交易行为。从平台利润获取方式的角度，又可将 B2C 电子商务分为平台型 B2C 电子商务和自营型 B2C 电子商务两种。其中，平台型 B2C 电子商务与 C2C 运营模式类似，平台为买卖双方提供交流平台，促进其交易进而获取利润，而平台不参与两边用户商品交易的过程，主要是吸引两边更多的买家和卖家加入平台交易。例如，天猫、唯品会等网络购物平台便是这种类型的平台企业。自营型 B2C 电子商务主要是平台从厂家引入产品，通过在线销售赚取商品的进销差价来获取利润。创办之初的京东与当当网就是这种经营模式的典型代表。

通过对 B2C 电子商务的两种模式进行比较可知，相较自营型 B2C 电子商务，平台型 B2C 电子商务具有两方面的竞争优势。一方面，商品种类更加丰富齐全。自营型 B2C 电子商务会受资金、物流等供应链因素的限制，平台上销售的商品种类相对不够丰富。另一方面，盈利方式更加多种多样。相对于平台型 B2C 电子商务通过向商家收取保证金、广告费等多种方式获取利润，自营型 B2C 电子商务仅依靠简单的商品进销差价获取利润，且利润会受企业规模的影响。近几年，自营型 B2C 电子商务企业为了增加平台利润，提升品牌知名度，提高市场竞争能力，纷纷实施开放平台策略[179]。从 2009 年开始，当当网、亚马逊与京东先后开放平台，大力开展招商活动。亚马逊推出了“我要开店”项目，各大平台加速商品种类扩张。通过开放平台引入商家，网络购物平台凭借第三方商户数量的增加，可以吸引更多买家加入平台，增强用户黏性，还可以降低仓储成本，促进平台企业做大做强。而本章的研究对象主要就是这类平台型网络购物平台。

随着我国政府及相关部门对网络购物网站的监管力度不断加大，网络购物市场发展逐渐趋于规范，且消费者对平台上商品质量的要求也日趋增高。此时，提供高质量商品的 B2C 电子商务平台更受消费者喜爱，并成为市场交易主体，而之前在网络购物市场占据主导地位的 C2C 电子商务市场份额逐渐降低。2015 年国内网络购物 B2C 市场交易规模的占比达到 51.6%，跟 2014 年相比增长了 5.9%；而 C2C 市场交易规模的占比为 48.4%，跟 2014 年相比减少了 5.9%[180]。纵观目前中国国内网络购物平台市场，大多数网络购物平台均以 B2C 电子商务为主要发展方向。其中，尤以天猫、京东的发展势头较为迅猛，它们凭借着各自的优势资源在市场中占据较大的市场份额。

6.2 网络购物平台的双边市场特征分析

6.2.1 网络购物平台的双边市场特征

网络购物是服务消费者和小型商家的网上交易平台，两边用户通过平台完成交易。平台上商家的数量越多，消费者买到合适商品的机会越大；消费者的数量越多，商家卖出商品的机会越大，商家获得的效益也就越大。通过上述分析发现，网络购物具备前面第二章基本理论中所述的双边市场特征，是典型的双边平台产业。传统实体店是一种垂直流向的单边模式，而现代网络购物是一种“平台”型的双边运营模式[181-182]。网络购物平台凭借虚拟平台模式，突破了时间、空间以及资金等环境要素的约束，提供的商品种类繁多。消费者花费较少时间就可以高效率地购买到全国各地甚至是世界各地物美价廉的商品，同时，商家如果想要向全国乃至世界各地的消费者销售商品，则必须加入该平台。因而，消费者和商家对于网络购物平台所提供的服务存在需求互补性。

网络购物平台改变着人们的消费方式，正是由于其不同于传统实体店的独特双边平台运营模式，使得整个社会商务活动以一种新的商业模式快速发展。这种新型的网络购物平台模式，在运营方式、盈利方式以及营销策略等方面都与传统实体店有很大的不同，这是平台模式区别于传统实体店的本质内容，给人们的社会生活带来了巨大的影响。下面分别具体说明两种商业模式的不同。

6.2.2　与传统实体店的差异

首先，在运营方式上，传统实体店的运营方式为单向垂直流向的形式。哈佛商学院教授迈克尔·波特在他提出的"产业五力分析"中假设每个厂商都会面对"上游供给商"与"下游买家"，这常被当成实施战略决策时的依据。传统实体店模式为生产商—批发商(多级)—零售商—消费者的垂直流向渠道。在这种模式下，对于想要从事传统实体店经营的创业者来说，前期需要投入大量的资金，包括租用或是购买销售商品的场地的费用。

而网络购物平台同时连接平台两边两种不同类型的用户，即消费者和商家，并为其提供服务，平台两边用户之间具有很强的网络外部性。与传统实体店垂直流向的单边模式不同，网络购物平台要获得成功必须同时吸引两边用户加入并使用平台进行交易，而不是仅考虑在某一单边市场获取最大利润，充分挖掘平台两边用户中潜在的网络效应是网络购物平台相较于传统商业模式盈利的关键[183-185]。平台上两边集聚的消费者和商家数量越多，越能够有效获取双方用户的信息和需求，从而实现交易的精准匹配，提高交易效率。

相比传统实体店，网络购物平台实现了从厂商到消费者的直接销售，免去了传统商业模式中批发商或分销商等多个环节对产品的加价，也为商家节省了昂贵的实体店面租金、人力等经营成本，从而导致网络购物平台上商家提供的商品价格相对较低。因而，促使越来越多的消费者倾向于网络购物，同时也吸引了更多的商家在网上进行商品销售。两边用户的网络效应强度增强，形成一个良性循环，促进了网络购物平台的规模化发展。而传统实体店所服务的上游厂商与下游消费者，虽然也在同一条价值链上，但两者之间没有网络效应。

其次，在盈利方式上，传统实体店的利润主要是由两方面组成的：一方面是由于实体店为厂商提供了销售商品的功能，厂商所转让的利润，即让渡利润。批发商品价格的大小取决于实体店与供应商的博弈结果；另一方面是在零售环节，由于实体店为消费者创造了商品新价值，消费者所转让的利润，即追加利润。商品零售价格的大小取决于实体店与顾客之间的博弈结果。因而，在整个商品流通环节，发生两次交易行为，商品购销差价即"差额"为厂商、实体店与消费者三者之间相互博弈的结果，也就是实体店所能得到的利润大小。

而在网络购物平台中，平台为两边不同的用户提供服务使其达成交易，并通过向其收取费用实现盈利[186-188]。为了取得成功，网络购物平台需制定合理的收费结构，以吸引更多的商家和消费者加入平台进行交易，这较传统实体店单纯的购物差价复杂得多。目前来看，网购平台的盈利方式主要有三个方面：①会员服务收入。购物平台对买家一般是完全免费的，但是对商家会收取平台使用费，包括商品展示和销售费用等。有些平台还会向商家收取服务年费，即每年一次性缴纳的费用；实时划扣服务费，即按照商家的销售额收取一定比例的费用。如果当平台之间竞争较为激烈时，也可能会对商家实施减少费用甚至免费的措施。②增值服务收入。网购平台会为商家提供一些增值服务，包括店铺装修、陈列改良等服务，这可以美化商家网站，使商家能够以更好的图片展示商品，提升商品浏览量。随着平台商家的增多，竞争越来越大，最终购买增值服务的商家会越来越多。③广告收入。一般网络平台会在网站首页或资讯类频道首页等以轮播焦点图、文字标语等形式打出广告，帮助商家宣传、推广商品，并收取费用。这些广告很容易得到消费者的关注，能够为商家带来满意的销售量。因而，广告收入目前已成为网络购物平台的主要盈利方式之一。

网络购物平台中，平台为两边用户提供服务是要花费成本的，然而，网络购物平台为吸引两边用户加入平台交易，通常会采取倾斜式定价方式，即对消费者一般采取免费的价格策略甚至提供补贴，而对商家收取的费用高于边际成本。这种非对称的定价方式是双边平台企业为了促使两边用户加入平台进行交易而实施的一种可行的定价策略，是不能用传统的单边市场理论以及反垄断规定来解释说明的，也是传统实体店不会采取的定价方式。

最后，在营销策略上，对于传统实体店，可以通过采用电视广告、报纸、促销活动如消费金额达到一定数额减免一定金额或返还优惠券等，或进行店面装饰等营销策略，提升企业品牌价值；还可以通过面对面与消费者进行沟通交流，提高服务质量，给消费者带来良好的购物体验，从而增强消费者到实体店的购买意愿。

而在网络购物平台中，平台企业对市场一边用户采取策略，不仅会对这边市场的绩效产生作用，而且会通过两边用户的交叉网络外部性，对市场另一边用户的效用产生影响。因此，网络购物平台在对市场一边采取营销策略时，还会考察其对另一边市场的作用，并考虑其能否加强自己在另一边市场的竞争优势，这与传统实体店只是通过促销或提高质量等营销方式单方面地吸引消费者是不同的。例如，为了以更多的商品种类吸引消费者，近年来，各大网络购物平台相继推出了跨国零售业务[189]。跨国购物使消费者以较实惠的价格购买到国外优质商品，激发了消费者的购买热情，吸引了很多的消费者加入海淘大军。基于此，在下节中主要分析网络购物平台拓展用户基础的策略。

此外，网络购物网站还建立了商家与消费者能够及时互动的交流平台。消费者可以在网上进行商品评价，通过留言等方式反馈大量的信息，使得商家能够实时收集分析这些信息，了解消费者的需求和问题，并加以解决完善，弥补不足，生产出更受消费者青睐的产品，从而促使营销活动趋向个性化，以增加商家的竞争优势[190-191]。但是在传统实体店模式中，消费者对商品的意见只能反映给零售商，而不能直接反映给厂商，不具有时效性。这是属于捆绑销售策略的一种附加免费服务，在下节中将以聚划算为例分析网络购物平台的捆绑销售策略。

从上述分析可知，网络购物作为一种新型平台运营模式，已然彻底改变了传统商务的运作方式和手段，引发了一场商品流通革命[192]，给传统实体店带来巨大的冲击，使得传统实体店日渐趋于劣势，对人们的生活方式等产生了很大的影响，现在已成为新兴服务业态发展的重要战略方向。因而，网络购物作为一种平台商业模式，必须遵循和按照双边市场的特征和要求，相应地调整策略，以推动平台的持续发展。基于上面的描述，在下面的内容中将利用双边市场理论，通过实践案例分析网络购物平台发展过程中采取扩大平台服务范围的策略拓展用户基础的问题。

6.3 网络购物平台拓展用户基础的策略

近些年来，更多的企业逐渐将视线转移到网络购物平台上，一方面，网络购物是一种便于消费者消费的更为有效快捷的方式，还可以使商家与潜在消费者实现及时的沟通，促进其交易。另一方面，网络购物的出现改变了消费者的购物习惯，使得消费者逐渐倾向于网络购物，给传统实体经营模式带来了严峻的挑战，传统的经营方式已不再具有竞争优势。众多大型企业加大了在网络购物市场上的投入，加剧了网络购物平台企业之间的市场竞争。例如京东商城和当当网等电商企业纷纷从自营型网络购物网站发展为平台型企业，甚至一些大型传统零售企业如国美、苏宁等也开始转型向网络购物平台发展。因而，在我国，网络购物平台的竞争十分激烈，有限的市场资源集中于几家主要的竞争平台企业，形成了鲜明的竞争格局(见图 6.3)。可以发现，市场上存在绝对的网络购物平台主导企业。

对于作为典型的双边市场的网络购物平台来说，要想获得成功必须同时吸引平台两边更多的用户加入平台并实现交易。相较传统单边市场中仅考虑在一边用户获取最大利润，网络购物平台所需考虑的问题要复杂得多。在网络购物平台中，两边用户即消费者和商家，是其提供服务的主要对象，没有两边用户，平台的存在就没有价值。另外，与网络购物平台的其他资源相比，两边用户资源在市场上是有限的，是不可替代的。因而，虽然网络购物平台的营销策略多种多样，但是相对于竞争企业而言，其核心竞争目标是平台两边用户，这是实现平台利润最大化的关键性资源。天猫之所以能够占据 B2C 网络购物平台一半以上的市场份额，主要是由于淘宝网为其带来的规模较大的消费者资源，进而吸引了大量的商家群体加入平台。

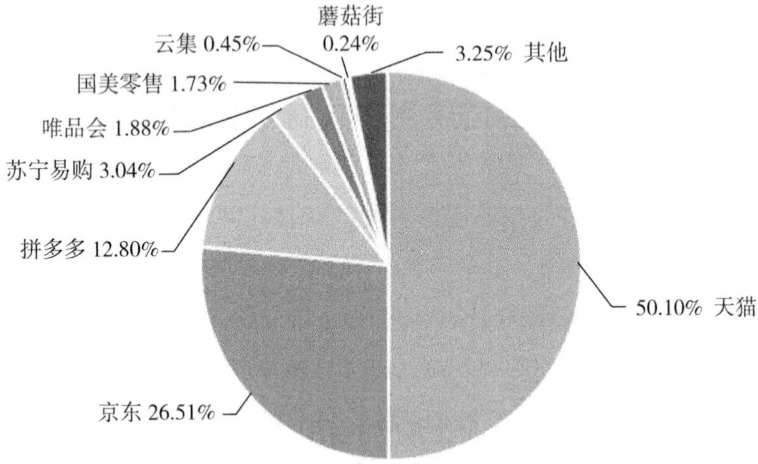

图 6.3　2019 年中国 B2C 网络购物交易市场份额占比图①

从以上分析可知，网络购物平台两边的用户资源是平台企业在市场中获取竞争优势的主要来源。那么，维持和拓展两边用户就是网络购物平台企业之间竞争的焦点。虽然适当的价格策略是一种可以有效改变两边用户规模的竞争手段，但价格竞争不仅不利于整个行业的有序发展，而且由于平台服务层次的不断提高，成本逐渐增加，实施低价可能会加大平台的运营风险。所以，在这种情况下，基于前面几章的理论研究，

① 资料来源：电子商务研究中心 . 2019 年度中国网络零售市场数据监测报告 . http：//www. 100ec. cn/zt/2019 wllsbg/.

本章接下来将通过实践案例探讨网络购物平台发展过程中，平台通过采取价格以外的扩大平台服务范围的策略来拓展用户基础，进而改变平台上用户规模以及市场绩效等方面的问题，具体包括：网络购物平台的互联互通策略、兼并策略及捆绑销售策略分析。

6.3.1 网络购物平台的互联互通策略

(1) 当当网入驻天猫

目前，双边市场中的一些平台产业，如银行卡、电信产业等，行业内平台互联互通已发展为规范、成熟的运行操作体系，有效地促进了整个行业的健康发展。而在电子商务网络购物市场中从当当网入驻天猫来看，网络购物平台间的互联互通将成为未来发展的一个趋势。

2012 年 10 月，在竞争日益激烈的网络零售市场中，老牌 B2C 网络购物平台当当网宣布正式入驻天猫，这是天猫实施开放策略以来最大的平台商户。当当网通过在天猫开设店铺，与天猫共享其平台上经营的 80 万种图书以及 30 多万种日用百货类目等商品资源，使得在天猫上注册的消费者可以跨平台在国内最大网上图书城当当网上搜索自己需要的图书及其他百货商品等，天猫和当当网同时为其提供服务。当消费者跨平台在当当网上进行交易时，当当网也会为其提供货到付款及当面退换货等服务。

根据艾瑞咨询的数据报告，在 2010 年的第二季度，当当网在整个网络购物市场上的市场份额仅为 1.3%，较第一季度下降 0.5 个百分点。在激烈的市场竞争下，当当网开始从盈利转向亏损，所占的市场份额逐渐下滑，企业排名较之前也逐渐落后。在这种情况下，天猫不论是平台规模还是用户流量在网络购物市场上都处于绝对优势地位，是国内其他网购平台望尘莫及的。因而，当当网迫切希望能够与天猫实现互联互通，通过借助天猫庞大的用户流量来提升自身的市场竞争力。在 2012 年，双方经历了半年多的交涉，最终达成系统对接。

当当通过与天猫互联，可以利用天猫这个实力较强的综合性网络购物平台在产品供应链等多方面的优势资源，来弥补其作为垂直电商的劣势，进而维持和拓展自己的市场份额。因为在现实生活中，对于许多经常在天猫购物的用户而言，一般只有淘宝账户，他们可能不会为了一样商品再去注册一个当当账户。因而，当当入驻天猫后，一方面，可以借助天猫的用户资源，增加平台上的用户流量，进而扩大当当网的品牌影响力，吸引更多的用户加入平台交易，同时也降低了当当网的营销成本，对当当网有诸多好处。而两平台互联后，在天猫上的用户可以直接跨平台在当当上寻找合适的交易对象。另一方面，在当当网达到一定数量的用户规模后，可以逐步实现销售区域规模化、仓储本地化，进而能够促进配送成本的降低以及送货效率的提升。因而，当当入驻天猫，可能会提高当当网的平台利润。而对于天猫，通过与这些较大的网购平台的互联，可以做大增量，提高平台竞争实力。

目前来看，随着网络零售市场竞争愈发激烈，垂直网络购物平台获取新用户付出的成本逐渐升高，而用户转移成本极低且用户忠诚度不稳定，使得二三线网络购物平台采取价格策略赚取用户流量的方式难以为继。在这种情形下，越来越多的购物网站寻求与实力较强的大流量网络购物平台进行互联，从而增大自身的用户基础。据相关数据统计，自综合型平台天猫实施开放战略以来，除了当当网等平台企业在天猫设立旗舰店外，目前已有八十多家网络购物网站入驻天猫。

(2) 市场竞争条件和策略分析

从天猫与当当网两个网络购物平台的市场竞争来看，天猫的技术水平较高为 t_1，而当当网的技术水平较低为 t_2，两平台之间的技术水平存在显著的差异($t_1 > t_2$)。因此，该市场类型符合本书第三章中所建立的市场竞争模型，用这两个平台验证网络购物平台的互联互通行为是合适的。

在本书第三章建立的数学模型中，经过推导所得的结论表明，当两平台无互联时，高技术平台向两边用户收取的交易费用高于低技术平台，但其两边用户规模和平台利润均高于低技术平台。对于天猫和当当而言，显然是符合上述结论的。从上节对网络购物平台盈利方式的分析可知，当当与天猫两平台竞争无互联时，它们向消费者一般提供免费服务，而对商家收取费用以获取利润(见表6.1)，且天猫对商家收取的费用(交易扣点等)高于当当，但其两边用户的市场份额和平台获取的利润仍远高于当当。因此，验证了第三章推导出的无互联时均衡结果的正确性。

表6.1　　主要网络购物平台对商家的收费标准(元)

平台	保证金	年费	扣点
天猫	5万~10万	3万~6万；销售额达到36万返还3万；销售额达到120万返还6万	5%
京东商城	1万起(食品类10万元)	每年6000~12000	售出的产品销售额×对应的毛利保证率(8%)
当当	5000~12000	平台使用费6000	扣点×交易额(5%)
1号店商城	5000~10000	每年3000~10000	按实际成交金额计算交易额抽成(6%)

当两平台进行互联时，由第三章的研究结论可知，两平台互联后利润均高于无互联时的利润。当当入驻天猫后，在天猫购物平台上浏览的用户，如果没有搜索到合适的交易对象，可直接跨平台接入当当来寻找需要购买的商品，如图书、日用百货等。由于天猫自身的技术水平、用户流量以及平台规模等显著优于当当，天猫不太需要在当当平台上设置接口。因此，当当入驻天猫，可以认为是两平台之间的互联互通行为，符合第三章研究的双边平台互联互通模型。

而当当与天猫互联，从某种意义上来说，使当当获得了天猫的用户资源。通过互联，当当可以将其平台上的商品信息投放在天猫平台上，能够为消费者提供更加方便快捷的商品搜索服务，满足消费者多渠道获取商品的需求，进而可以帮助当当提高用户访问流量，促进用户加入平台交易，增加平台两边的用户规模。从用户的角度来看，互联可以提高消费者剩余，所以平台两边用户即消费者和商家均希望平台之间能够实现互联。

据当当2013年发布的四季度财务报告数据，当当从亏损重新向盈利扭转，第四季度净利润2170万元，而2012年同期净亏损人民币1.221亿元。到2014年，当当已开始实现盈利，净利润为8812万元，当当在全网图书品类的显著优势持续增长。而当当连续5个季度均实现盈利，充分说明了当当的盈利能力已大幅提升。这得益于当当采取的“走出去，请进来”的互联互通发展战略，扩大了服务用户的范围，增加了用户流量，提升了其市场竞争力，促使其平台利润增加，导致其他电商陆续退出图书品类市场。2010—2014年当当净利润变化见图6.4。

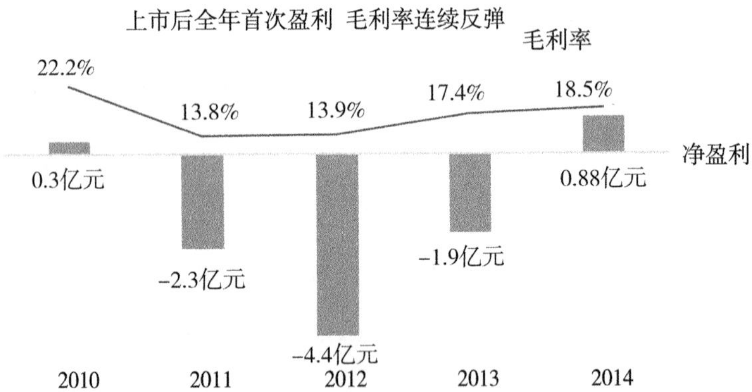

图6.4　2010—2014年当当净利润变化

资料来源：中文互联网数据资讯中心。

此外，对于当当而言，互联互通后仍是平台自主运营，当当可以继续在本平台的优势业务上下工夫。而当两平台互联且低技术平台当当进行技术创新，即 t_2 逐渐增大时，如推出数字阅读 APP、研发生产阅读器——“都看”，以及增设“边看边读”等功能，可以为用户带来全方位电子阅读体验，进一步提高当当的市场竞争水平，吸引更多的用户加入平台交易。但从现实发展情况来看，其技术水平仍与天猫有较大的差异（$t_1 > t_2$），用户流量远远小于天猫。因而，两平台互联且技术水平差异较大时，低技术平台当当进行技术创新，不会对天猫的利益造成较大的影响，天猫仍有与其互联互通的激励。从上面的分析可以看出，技术水平相差较大的天猫与当当互联，符合电商领域的发展需要，有利于双方优势互补，实现资源优化配置。但对于技术水平与天猫相近的京东商城而言，从图 6.3 中可以看出，两平台在市场中所占份额不存在巨大差距，当两平台互联时，则在用户网络规模上无差异，技术成为重要的区别因素。当较低技术平台京东商城进行技术创新时，使其两边的用户规模和平台利润增加，会不断缩小与高技术平台天猫在技术水平及利润上的差距，进而会削弱互联前天猫的竞争优势。因而，这也解释了天猫与京东一般情况下不会发生互联的原因。上述分析基本验证了本书第三章所得结论的正确性，即技术水平密切相近的竞争平台间是不可能发生互联互通的，但可激励主导平台容纳新进入平台。

以上案例分析表明，一方面，网络购物平台之间的竞争越来越激烈，二三线网络购物平台的发展环境越来越差，仅依靠平台自身两边的用户流量难以持续发展，因而纷纷加入较大规模的综合性开放平台。通过与大规模平台互联，进行有效融合，有助于扩展小规模平台的流量入口、增强其用户黏性，从而降低获取用户的费用。可以看出，曾经以价格战吸引用户的网络购物平台企业，将会逐渐转向以消费者多渠道获取商品的本质上来。因此，与大规模平台实现互联互通和流量共享已成为二三线网络购物平台发展的一种新方式。另一方面，如果是两个综合实力较强的网络购物平台企业，则较难发生互联互通。可以看到，在电子商务网络购物领域，天猫和京东商城一般情况下不会产生互联互通，而天猫较愿意与低技术水平网络购物平台进行互联。这与本书第三章所得结论基本吻合。

6.3.2 网络购物平台的兼并策略

上一节分析了网络购物平台通过互联互通拓展用户基础的策略，本节将以阿里巴巴收购 Lazada 及淘宝网纵向兼并支付宝为例探讨网络购物平台企业通过兼并策略，在互联的基础上进一步扩大了平台服务用户的范围，拓展用户基础，进而提高市场竞争力。而网络购物平台兼并和互联互通的实质就是改变了平台所服务用户的网络规模。

(1)横向兼并

对阿里巴巴而言，在国内网络购物 B2C 和 C2C 市场逐渐趋于饱和的情况下，为了进一步扩大其在网络零售业务上的用户规模，吸引更多用户加入平台交易，阿里巴巴加大了向国际市场推进的步伐。目前较为发达的欧美市场主要被亚马逊和 eBay 占据了较大的市场份额，因而阿里巴巴将网络零售发展缓慢且有较大发展潜力的东南亚市场作为其重点关注目标。2016 年 4 月，阿里巴巴总计约以 10 亿美元收购了东南亚最大网络购物平台 Lazada 的全部股份。通过对 Lazada 的投资收购，阿里巴巴获得进军一个消费者基数庞大且在不断增长的海外市场的入口，即立即就能同时进入印度尼西亚、马来西亚、菲律宾、新加坡、泰国和越南这六个市场。这项措施不仅可以补充和扩大阿里巴巴网络零售的国际业务，而且对阿里巴巴实现其现有用户规模增长两倍的目标具有重要作用。

Lazada 是一家成立于 2012 年，总部位于新加坡，所经营业务跨越东南亚六大国家市场的网络购物平台企业，Lazada 成立之初便开始攻入新加坡、马来西亚、印度尼西亚、菲律宾、泰国和越南六大东南亚国家，仅三年时间，便发展为东南亚地区最大的在线销售及购物平台，且在这些国家网络零售市场中均保持交易总额第一。平台上主要经营美妆、个人护理用品、时尚、家居用品以及数码产品等十多种品类的商品销售。截至2015年末，Lazada在东南亚六大国家市场均获得了较为出色的销售业绩，集团全年交易总额约为13亿美元，其中移动端交易额占比超过一半，达到60%。目前，已在Lazada平台上注册交易的卖家达到4万，为消费者提供来自本地及跨境商家的1600多万种产品。Lazada除了拥有自建的10座物流中心外，同时还与数百家第三方物流公司达成合作。

阿里巴巴之所以将Lazada作为收购对象，原因在于，一方面，Lazada具有独特的"跨境"优势，它是一个跨越东南亚六大国家市场的网络购物平台。面对东南亚市场各个国家政策制度的差异性、物流以及支付方式等方面都较为复杂且难以进入的情况，Lazada是唯一一家进入这个拥有六大国家的网络零售市场并较好地进行了整合，推出适应本地网络购物的供应链、支付以及物流等服务的网络购物平台，为希望开拓东南亚市场的大量优质商家提供了销售渠道。另一方面，虽然目前的东南亚网络零售市场并不发达，商品供应商相对较少，物流设施条件较为落后，但是在整个东南亚地区有6亿多的庞大人口，电子商务发展潜力巨大。而阿里巴巴收购Lazada，相当于直接获得这个市场中庞大的潜在购买用户群，拓展了用户基础，并带来巨大的采购商机。目前来看，虽然Lazada已是东南亚地区最大的网络购物平台，但其年度交易总额也仅是13亿美元。根据全球企业增长咨询公司Frost & Sullivan预测，东南亚整体电子商务市场预计将达1250亿美元。这对中国商家来说是一个巨大的机遇。

Lazada现已成为阿里巴巴在网络零售业务方面拓展东南亚市场的新兴战略据点。为了吸引更多的东南亚国家的消费者购买商品，阿里巴巴利用国内网络购物平台的商户优势，将优质商家引入Lazada平台，向东南亚消费者售卖商品。自2015年3月进入中国以来，目前已有6000多家中国商家在Lazada上入驻，随着阿里巴巴收购Lazada，Lazada上的卖家数量将会快速增长。下面进行市场竞争条件及策略分析。

从阿里巴巴收购国外网络购物平台企业来看，阿里巴巴在网络零售业务上与竞争对手京东、亚马逊等争夺市场份额的过程中，为了吸引更多的用户加入平台，采用扩大服务用户范围的兼并策略，从国内市场逐渐向国际市场发展，拓展用户基础。因而本节选用阿里巴巴兼并 Lazada 来验证平台企业横向兼并策略是合适的。

本书第四章构建的双边平台横向兼并模型中，讨论了两平台在联合利润最大化目标下的市场均衡问题。经过推理论证可得，两平台横向兼并后，对互补品提供商收取的接入费高于对消费者的接入费。随着网络外部性强度的增大，为了吸引更多的消费者购买互补产品，互补品提供商对消费者的产品定价降低，而平台对消费者收取的接入费升高。此外，横向兼并下，两平台对消费者的定价较无兼并时降低，互补品提供商对消费者的产品定价较无兼并时升高。横向兼并扩大了平台的用户规模，且平台利润随着网络外部性强度的增大较无兼并情形先降低后逐渐升高。

对于阿里巴巴兼并 Lazada 而言，显然是符合上述结论的。它们对消费者提供免费服务，对互补品提供商收取高于成本的费用。横向兼并后，阿里巴巴进一步囊括了东南亚六大国外市场的用户，相较互联互通，更进一步扩大了服务用户的范围，使被兼并平台上的用户均在阿里巴巴的平台上进行交易，拓展了用户基础。通过第四章的理论分析可知，网络外部性强度是影响平台利润的关键因素。因而在收购之初，由于阿里巴巴需要与 Lazada 经历一段时间的接轨以及整合工作，平台利润不一定会增加。但随着 Lazada 汲取阿里巴巴的先进管理经验、两平台的不断融合，则会逐渐吸引更多的商家和消费者加入平台进行交易，网络外部性强度会逐渐增大，进而促使阿里巴巴收购 Lazada 后的平台利润升高。

据阿里巴巴公布的 2016 年第二季度财务报告(见表 6.2)，阿里巴巴这个季度在国际零售业务的营收达到 1.68 亿美元，占总营收的 4%。而上一季度其国际零售业务的占比仅为 2%，该数字翻倍。对此有专业人士分析认为，这是因为阿里巴巴兼并 Lazada 后，一般会将 Lazada 的营收纳入总的财务收入中。因而，阿里巴巴第二季度的国际营收占比会

表 6.2 阿里巴巴 2016 年的财务报告①

Alibaba	Year ended March 31,					
	2015		2016			
		% of			% of	YoY %
	RMB	Revenue	RMB	US $	Revenue	Change
	(in millions, except percentages)					
China commerce:						
Retail	59372	78%	80033	12412	79%	35%
Wholesale	3205	4%	4288	665	4%	34%
Total China commerce	62937	82%	84321	13077	83%	34%
International commerce:						
Retail	1768	3%	2204	342	2%	25%
Wholesale	4718	6%	5425	841	6%	15%
Total international commerce	6486	9%	7629	1183	8%	18%
infrastructure	1271	2%	3019	468	3%	38%
Others	5510	7%	6174	958	6%	12%
Total	76204	100%	101143	15686	100%	33%
Core commerce:						
China commerce retail	15712	78%	23383	3518	73%	49%
China commerce wholesale	997	5%	1261	190	4%	26%
International commerce retail	501	3%	1117	168	4%	123%
International commerce wholesale	1245	6%	1.432	216	4%	15%
Others	83	0%	48	7	0%	(42)%
Total core commerce:	18538	92%	27241	4099	85%	47%
Cloud computing	485	2%	1243	187	4%	156%
Digital media and entertainment	812	4%	3135	472	0%	286%
Innovation initiatives and others	410	2%	535	80	1%	30%
Total	20245	100%	32154	4838	100%	59%

① 资料来源：阿里巴巴国际零售数据．亿邦动力网，http：//www.ebrun.com/20160812/187001.shtml.

翻倍，其增收的利润中可能大部分是来自 Lazada 的营收所得。从阿里巴巴对 Lazada 进行兼并后其国际零售业务营收占比翻倍的情况可以看出，实施兼并策略对阿里巴巴实现国际化扩张，进一步提高市场竞争实力应该是有效的。这与本书第四章构建的横向兼并模型中推导所得的均衡结果基本吻合。

从以上案例可以看出，大型网络购物平台企业的兼并行为，可以促使企业有效地扩张自身的商业规模，将自身涉及的业务领域延伸至更大的范围。但是，对于一般中小型网络购物平台企业，由于自身技术水平等其他因素的限制，则可以采取上节中当当与大规模平台天猫实现互联互通的策略，即通过互联，可以获得对方的用户资源，实现资源共享。而平台之间仍能够独立运作，互不干扰。

(2)纵向兼并

1999 年成立的易趣经历了中国网络经济的疯狂与寂静，尤其是 21 世纪初，随着 ebay 的两次大笔投资，易趣在中国网络零售市场中可谓一枝独秀，最多时占据着将近 90%的市场份额，拥有绝对优势。但这一切随着 2003 年淘宝网的成立，发生了一个巨大的变化。淘宝网凭借着“免费”与“支付宝”两大利器，不断蚕食易趣的份额。2006 年，淘宝网的市场份额就已上升至 72%，而易趣则下降到 20%，之后便逐渐淡出市场。

淘宝网之所以能够取代易趣的市场优势地位，很重要的一点在于淘宝网注意到关系电子商务网络购物市场成败的关键因素——网络效应，重视对用户基础的培养。就其采取的具体措施而言，除了实施免费策略，更重要的在于与支付宝的纵向一体化。在易趣将大量资金投入广告宣传推广平台时，淘宝网通过纵向兼并支付宝，使买卖双方之间在平台上交易的安全性更高，降低了交易风险，从而吸引了更多买家和卖家通过支付宝进行交易结算。

支付宝凭借自身交易方式的方便快捷、安全可靠，以及集团公司的资源优势和大力推广，在消费者和商家的拓展方面发展较为快速。为了更大范围地扩大其市场影响力，支付宝不仅在淘宝网上发展业务，并积极与其他网络购物平台开展第三方支付业务合作，其中包括卓越亚马逊以及红孩子等国内知名电子商务网络购物网站。自2007年以来支付宝已与在全球多个国家和地区，如欧美、日本、澳大利亚等的几百家企业达成合作协议，为国内消费者在网络购物平台上使用人民币进行海外购物提供支付支持，同时，也为国内商家实现海外交易提供收付渠道。支付宝也将与上节中阿里巴巴收购的东南亚六大国家市场网络购物平台Lazada的支付工具HelloPay进行融合，实现对接。当消费者发生跨国交易时，支付宝帮助国内的消费者通过与合作的银行购得对应等值的海外货币，进而再结算给国外的商家。通过向国内及国外的消费者和商家提供方便快捷的货币结算方式，支付宝在淘宝网发展海外业务、拓展海外市场的进程中起到了至关重要的作用。

随着支付宝交易规则和支付系统的不断改进和完善，其逐渐形成了一套成熟的信用体系。为了进一步扩展业务及增加用户对支付宝的使用黏性，支付宝推出了支付平台Alipay。由于其开放的性质，支付宝在电子商务领域得到了广泛的应用，很多涉及支付交易的网站均提供支付宝的接口。据相关数据统计，截至2015年底，支付宝实名注册用户已经超过4.5亿，按照我国目前6.8亿的网民数，几乎每10个网民中就约有7个支付宝用户。而支付宝月度活跃用户规模达到2.9亿，日均活跃用户规模超过8000万人，日交易笔数将近1000万笔，日交易总额超过3.5亿元。无论是用户数还是交易笔数，支付宝都已成为全球最大的第三方支付平台。可以看出，淘宝凭借与支付宝的纵向兼并，积累了大量的用户群体。下面进行市场竞争条件及策略分析。

从上面的分析可知，淘宝网在其发展过程中发现支付问题是影响消费者网络购物的重要因素，为了加快用户基础的培养，独立研发了第三方支付工具——支付宝。即在早期与易趣争夺市场份额的激烈竞争中，淘宝网采取了纵向兼并的竞争策略，符合本书第四章建立的平台竞争模型。因此，利用淘宝网纵向兼并支付宝来验证双边平台企业纵向兼并行为下的定价问题是合适的。

本书第四章指出，平台纵向兼并后，平台对消费者的接入定价与互补品提供商对消费者的产品定价相等，且与网络外部性强度无关，消费者加入平台的市场份额增加，对互补品产品需求量随着网络外部性强度的增大会逐渐增加，进而促使平台利润增加。

对于淘宝网纵向兼并支付宝而言，显然是符合上述结论的。淘宝网及支付宝对消费者均提供免费服务，主要从商家获取利润。这是因为淘宝网纵向兼并支付宝后，相当于垄断了其支付市场，因而对两边用户的定价可不必考虑两边用户之间的网络外部性强度的影响。在平台上注册销售商品的商家，须接入淘宝网的支付工具，而为了使平台上的消费者在交易过程中能够更多地接受和使用支付宝进行支付，则支付宝对用户在网上消费采取免费的定价策略。因此，支付宝迅速积累了大量的用户资源。在马太效应的作用下，其市场份额不断扩大。由于支付宝是实名认证，因此一般不会出现用户重叠的情况。从上面的数据资料可以看出，几乎70%的网购人群在使用支付宝完成支付行为。由于间接网络外部性效应，就会有更多的人在淘宝网上交易。因此，消费者在淘宝网上交易的数量及利用支付宝支付的市场份额逐渐增长。另外，淘宝网纵向兼并支付宝也使得淘宝网降低了接入其他支付工具的技术成本及其他成本费用，使得淘宝网的利润逐年上涨。因而，在中国网络零售市场激烈的竞争中，淘宝网取得了商业上的巨大成功。这与本研究第四章构建的纵向兼并模型推导所得的均衡结果是基本吻合的。

上述案例表明，用户基础是网络购物平台发展的主要因素，而淘宝网纵向兼并支付宝这一措施使得越来越多的网民逐渐开始接受网络交易，并敢于在网络平台上购买商品，进而使淘宝网在中国网络购物市场上的份额越来越大，并最终一支独大，在市场中处于绝对优势地位。综上分析可得，对于网络购物平台采取哪种兼并模式将更有利于竞争并不是绝对的。平台需根据自身的发展实力、各阶段的发展目标及外部资源等因素，综合考虑在哪种兼并结构下将能实现现阶段所要追求的目标，由此做出正确适当的决策行为。

6.3.3 网络购物平台的捆绑销售策略

(1)聚划算的捆绑销售服务

在网络购物平台发展过程中，捆绑销售策略是一种经常使用和具有代表性的营销手段。在平台发展初期，为了聚集人气，吸引更多的用户参与到平台交易中，扩大用户规模和平台规模，平台往往需要采取各种捆绑方式对消费者进行补贴，从而获得一定数量的用户基础。而在平台发展较为稳定的时期，平台更倾向于利用捆绑策略提高利润水平。这方面，典型的形式便是商品团购网站，它是中国网络经济中增长最快的网络应用之一。而在商品团购网站中，其中的佼佼者无疑就是聚划算。

聚划算是淘宝旗下的团购网站，以团购品质商品为主。2010 年 10 月，聚划算从淘宝网正式拆分，开始独立运作，并最终从众多商品团购网站中脱颖而出，在团购商品数、日成交单数以及月覆盖消费者数量等方面均遥遥领先于同行业其他团购平台，成为消费者首选的品质购物网站。目前，聚划算主要的竞争对手有拼多多等。

在激烈的竞争环境下，聚划算之所以能快速积累大量的消费者群体，除了淘宝网上强大的优质商家服务为其带来广泛的用户基础，并一直秉持质优价廉的经营理念，让消费者切实体会到商品团购带来的实惠以外，很重要的一点在于聚划算采取了一系列的特色捆绑策略来提升对用户的服务价值。聚划算区别于其他团购网站的特色捆绑服务创新主要体现在消费者团购定制体验和服务品质保证(见表 6.3)。在消费者团购定制体验方面，2011 年，在聚划算发展初期，其在网站先后向消费者推出了多种栏目，如“我想团”“团定制”等捆绑服务，可以及时了解平台上消费者的团购需求，实现顾客间的信息互动，提升顾客的购买兴趣。此外，消费者可以自己定制需要团购的商品，即通过社交平台将集体的需求传达给商户，为消费者提供个性化的定制团购商品。即使用户不在聚划算上进行商品交易，也可免费享受这些捆绑的社交团购信息服务，进而扩大了服务用户的范围，从而吸引了大量的消费者关注并加入聚划算。而这些捆绑销售服务也能提高消费者和商户达成交易的匹配度，实现消费者和商家效用的最大化。聚划算早期制定的这些以用户价值主张为核心的捆绑销售服务，为其发展初期树立了良好的知名度和品牌效应，进而吸引了大量的消费者加入平台团购他们感兴趣的商品。由于网络效应，更多的优质商家参与到聚划算的团购项目中。

表 6.3　　　　　　　　**商品团购网站捆绑销售分析**

<table>
<tr><th colspan="3">团购网站</th><th>聚划算</th><th>聚美优品</th><th>拼多多</th></tr>
<tr><td rowspan="3">购买前</td><td rowspan="2">消费者需求</td><td>消费者填写想要团购的物品</td><td>✓</td><td></td><td></td></tr>
<tr><td>自主团购定制</td><td>✓</td><td></td><td></td></tr>
<tr><td>社区功能</td><td>分享给好友</td><td>✓</td><td>✓</td><td>✓</td></tr>
<tr><td rowspan="7">购买中</td><td rowspan="3">保障商品品质</td><td>信用评分</td><td>✓</td><td>✓</td><td>✓</td></tr>
<tr><td>质量审核</td><td>✓</td><td>✓</td><td>✓</td></tr>
<tr><td>七天无理由退款</td><td>✓</td><td></td><td>✓</td></tr>
<tr><td rowspan="4">保障平台服务质量</td><td>退货运费险</td><td>✓</td><td></td><td></td></tr>
<tr><td>不满意退款</td><td>✓</td><td>✓</td><td>✓</td></tr>
<tr><td>团购保证金</td><td>✓</td><td></td><td></td></tr>
<tr><td>支付保证</td><td>✓</td><td></td><td></td></tr>
<tr><td rowspan="2">购买后</td><td rowspan="2">用户口碑</td><td>用户评论</td><td>✓</td><td>✓</td><td></td></tr>
<tr><td>口碑中心</td><td></td><td>✓</td><td></td></tr>
</table>

而在聚划算发展稳定时期，其更加注重服务品质保证，为在平台上交易的消费者免费提供多种附加的纯捆绑服务，如全场包邮、7 天退换货服务、闪电发货服务、假一赔三、免费退货等。而且聚划算对于参加

团购活动的商家还有特别的规定，如商家需向平台事先缴纳一定数量的团购保证金，即当因卖家责任而造成消费者权益受到侵害时，聚划算有权使用上述保证金先行赔付给消费者，以维护其利益不受损害。聚划算还要求商家必须加入卖家版退货运费险，为消费者提供免费退换货服务。通过上述两个方面的特色捆绑服务，聚划算可以让消费者体验到随心所欲的商品团购活动，为其提供了一个安心、省心、舒心的购物环境，从而吸引消费者加入平台消费，并带来了较大的用户规模和销售量。

(2) 市场竞争条件及策略分析

从聚划算发展初期到发展稳定期推出的一系列特色捆绑产品来看，其在团购定制体验及服务品质保证两方面为消费者提供了多种免费服务项目，即在与商品团购网站的竞争中，采取了特色服务捆绑销售策略，其本质就是为用户提供隐性的价格补贴，以吸引更多的用户加入平台进行交易。因而本节以聚划算这一平台作为研究对象，分析其实施的特色捆绑销售策略对平台利润产生的影响，进而用其来验证本章的结论是合适的。

在第五章构建的模型中，双边市场平台企业受非负定价约束，利用捆绑销售策略，即免费或按折扣价销售捆绑，对用户实施隐性的价格补贴。推理论证发现，平台采取捆绑销售策略对买方实施隐性的价格补贴，吸引更多的用户到平台上交易，使得平台两边的用户规模增加，进而提高了平台利润，说明平台企业具有采取捆绑销售策略的激励。

从聚划算采取的免费捆绑策略来看，因为在信息网络技术平台上，平台对用户提供服务所产生的成本相对较小，所以与第五章中考虑的平台隐性补贴商品或服务的价值较小的情形是相符的。当聚划算对消费者提供免费捆绑服务而从商家一边获取利润，达到均衡时，对消费者提供的隐性补贴为 $-\theta$。相较其他商品团购平台，聚划算发展初期提供的消费者团购体验方面的捆绑策略，使用户即使不在聚划算上进行商品交易，也可免费享受这些捆绑的社交团购信息服务，进而扩大了服务用户的范围，吸引了大量的用户加入平台团购他们感兴趣的商品及活动。而其发展稳定期更加注重服务品质保证，所提供的纯捆绑服务相较其他商品团购平台为消费者提供的隐形补贴更为优惠，进而促使更多的消费者在聚划算上团购商品。同时，好的购物体验也让参与团购的卖家提升了品牌知名度，给网店带来了巨大的访问量和销售量，带来更多的联动购买和后续口碑流量，从而能够尽可能多地争取网络团购用户，形成团购网站两边用户的规模性。因此，聚划算拥有了海量的买家和卖家用户，进而提高了其收益和利润水平。

目前，在聚划算上每天平均仍约有近千万消费者进行品质商品团购。在 2013 年聚划算的团购交易额几乎是 2012 年交易额的 1.7 倍。可以说，聚划算之所以能实现用户数量和月销售额以数倍的比例持续增长，并占据整个商品团购行业的半壁江山，其采取的上述捆绑销售策略功不可没。这与本书第五章中所得的均衡结果是相吻合的，即当平台企业采取捆绑销售策略时，能够有效地提高其利润，验证了结论的正确性。

从上述的案例分析可以知道，虽然商品团购网站发展非常迅速，但国内各大网络团购平台仍基本处于用户培养积累的阶段，竞争异常激烈。为了吸引消费者加入平台进行网络团购消费，扩大两边用户规模，它们纷纷为消费者提供了能产生隐形补贴的捆绑销售策略来聚集人气，获取收益。但是，值得注意的是，并不是每个团购平台均会采取所有的捆绑销售措施，这一方面会与各个团购平台的市场定位相关，另一方面更受到平台自身的资金大小及技术水平高低的影响，要综合考虑实施捆绑销售投入的成本与所能产生的额外效用之间的关系。因而，在一些团购平台中，目前在服务创新上推出的捆绑服务如：包邮、送货上门、上门取货等，正逐渐发展为团购网站之间由于竞争而为消费者提供的标准配套捆绑服务。显然提供额外的附加产品或者服务是需要成本的，但是为了达到吸引用户的目的，团购网站乃至整个网络购物平台附加有价值的产品或服务的现象大量存在，成为一种常见的平台拓展用户基础的行为。

6.4 本章小结

本章作为一般性双边市场理论研究在具体平台产业的应用实践分析，以网络购物平台为例，首先介绍了网络购物的发展历程及现状以及网络购物平台的分类。其次重点分析了网络购物平台典型的双边市场特征及其与传统实体店在商业模式上的实质性差异。最后在对网络购物平台的一些相关双边特征进行分析的基础上，分别以当当、阿里巴巴以及聚划算等为例，对网络购物平台企业为拓展用户基础所采取的互联互通策略、兼并策略以及捆绑销售策略进行了实例验证分析。结果表明，技术水平相差较大的网络购物平台之间较易产生互联，而技术水平较高且相差较小的网络购物平台间则较难实现互联。在兼并策略中，网络购物平台与互补品提供商的纵向兼并可显著提高平台利润，而横向兼并策略对于有实力的网络购物平台企业可以迅速扩大用户规模，但利润的增加与否，还受网络效应及整合效果等因素的影响。此外，通过对聚划算捆绑销售策略的分析发现，捆绑销售策略会增加平台两边的用户规模，提高平台利润。这些都与本书在前面第三章至第五章中对所研究的相关问题通过建立模型推导所得到的结论基本相吻合。

第七章　研究结论与展望

7.1　研究结论

自20世纪90年代以来，随着网络技术的发展，越来越多地出现了基于网络技术的交易形式，双边市场在这一过程中产生。现在双边市场已深入人们的生活中，成为互联网时代一种全新的市场形态。本书研究了双边平台采取扩大平台服务范围的策略如互联互通、平台兼并和捆绑销售来拓展用户基础，即不仅服务本平台的用户而且服务竞争平台的用户，并以扩大平台服务用户范围的大小为研究主线，依次对其展开了相应的理论分析，探讨了这些扩大平台服务范围的策略对用户、平台厂商以及社会产生的影响。然后，将所研究理论应用到具有双边市场特征的电子商务网络购物平台领域，并利用其对该产业拓展用户基础的策略进行了实践案例分析。本书为双边平台企业制定合适的竞争策略和产业规制部门制定相关规制政策提供了理论参考依据。主要研究工作和研究结论如下：

(1)技术不对称下双边平台的互联互通策略分析

互联互通策略通过扩大平台服务两边用户的规模，实现了用户之间的跨平台交易，并降低了市场的进入壁垒。然而，市场上的部分强势平台或在位平台企业，出于对自身利益的保护，并不愿意与弱势平台或进入平台进行互联。互联现象有时不会发生。本书构建了一个博弈模型，在考虑双寡头平台竞争且技术水平有差异的情况下，研究技术创新对双边平台竞争和互联互通的影响。结果表明，高技术平台对两边用户的定价高于低技术平台，且获得较高的平台利润。当平台间的技术水平存在显著差异时，两平台利润较无互联时均增加，因而平台间有互联互通的动机。两平台互联且低技术平台进行技术创新时，增加了其两边的用户规模和平台利润，提高了在市场中的竞争力，但是会减少高技术平台的用户规模和平台利润，降低平台间互联互通的机会。因而，技术水平密切相近的竞争平台间是不太可能进行互联的，但可激励主导平台容纳新进入平台。

(2) 双边平台的兼并策略分析

企业兼并是企业做强、做大的重要途径。其中，横向兼并使得两边用户均在兼并后的垄断平台上交易。相较互联互通，进一步扩大了平台服务用户的范围，拓展了用户基础。本书在梳理了不同兼并结构的基础上，利用双边市场理论，构建纵向兼并和横向兼并的静态博弈模型，分析了双边平台在不同兼并结构下的定价机制问题，并对不同情形下所得均衡解进行了对比分析；另外，考察了网络外部性强度对平台定价和利润的影响。结果表明，在定价方面，互补品提供商对消费者的产品定价在纵向兼并下最低，横向兼并下最高，而平台对消费者的接入价格随网络外部性强度的不同而变化，当网络外部性较小时，平台对消费者的接入定价纵向兼并下最高，横向兼并下最低，这与传统单边市场理论框架下认为企业间的横向兼并导致高价格，使得竞争性的市场结构变为垄断性的结构，阻碍了竞争的观点是不同的。当网络外部性很大时，平台对消费者的接入定价纵向兼并下最低。在平台利润方面，纵向兼并消除双重加价，降低投入成本，使得平台利润最高，从而两平台具有纵向兼并的动机。而当网络外部性较小时，两平台横向兼并下的利润最低。另外，在无兼并和横向兼并的情形下，随着网络外部性的增大，平台对消费者的定价和利润提高，互补品提供商对消费者的定价降低。而平台间进行纵向兼并时，网络外部性的增大会提高平台利润，但平台定价不受其影响。

(3) 用户部分多归属下双边平台的捆绑销售策略分析

双边市场中平台受非负定价约束，为了吸引更多的用户加入平台，扩大平台的网络规模和网络效应，利用捆绑销售策略对市场一边进行隐性的价格补贴，以协调两边用户参与平台交易。其中，混合捆绑策略使得平台扩大了对市场一边用户的服务范围。在竞争平台有差异且用户部分多归属的情况下，本书构建了一个博弈模型，研究平台分别采取混合捆绑和纯捆绑策略对平台定价、消费者需求和社会福利的影响并进行比较分析。结果表明，在用户部分多归属的条件下，捆绑销售策略能够提高平台两边的用户规模和平台利润。与混合捆绑情形相比，纯捆绑下，当隐性补贴较小时，平台对买方的定价相等，对卖方的定价下降，吸引了更多的用户加入平台交易。此时，纯捆绑策略具有排他性的作用；当隐性补贴较大时，平台对买方的定价下降，对卖方的定价上升。此外，当隐性补贴较小时，混合捆绑较纯捆绑更增加了平台利润，而纯捆绑较混合捆绑更有利于提高整个社会福利。

(4) 电子商务网络购物平台拓展用户基础的策略分析

在前面理论研究的基础上，本书围绕电子商务网络购物平台拓展用户基础的策略进行分析，在阐述了网络购物平台发展进程的基础上，分析了网络购物平台典型的双边市场特性及其与传统实体店的差异。最后，分别以当当、阿里巴巴以及聚划算等为例，对网络购物平台企业为拓展用户基础所采取的互联互通策略、兼并策略以及捆绑销售策略进行了实例验证分析，探讨了电子商务网络购物平台在不同策略下的市场表现，使之前所得出的理论研究结论得到了实践验证，丰富了基于双边市场理论平台产业的策略实践研究。

7.2 研究展望

本书对双边平台拓展用户基础的策略进行了研究，得到了相应的结论，并根据电子商务网络购物平台在实际运营过程采取的策略对所研究理论内容进行了案例分析验证。但由于时间和篇幅的限制，本书对所研究问题只是做了初步的分析和探讨，虽然得到了一些研究成果，但仍存在许多不完善、需继续改进和深入研究的地方。总体而言，在今后的研究工作中需进一步探讨的问题有：

① 在研究结构方面，本书分析了双寡头竞争平台的博弈模型，然而现实生活中普遍存在的是复杂平台或多个平台相互竞争的情形。虽然简单的双寡头平台竞争博弈模型可以解释现实生活中的某一些现象，但是对复杂或多个平台相互竞争的现实问题研究还远远不够。因此，研究多寡头双边平台、复杂双边平台的竞争策略问题是未来需研究的重要内容之一。另外，本书在第五章研究了一边用户单归属，而另一边用户部分多归属情形下双边平台采取捆绑销售策略的定价机制问题，在后续的研究中可以将其扩展为两边用户均为部分多归属的情形。

② 在研究方法方面，本书通过静态博弈模型，分析了双边平台拓展用户基础的短期行为策略决策问题。但是，没有利用动态模型研究平台实施策略以追求长期利润最大化时的目标决策行为，这是双边平台制定不同运营战略时需面对的重要问题。书中大多数模型的建立也是基于较理想化的假设，而双边市场中平台所有者的行为决策有时会受多种因素的影响，例如平台的发展规模、发展周期等，这些因素使得平台所有者的行为决策具有动态演变的特征。因而，在商业实践中，双边平台企业有时需要在长期动态的条件下，考虑如何制定价格策略以及其他竞争策略。所以，建立动态博弈模型，以动态观点分析双边平台竞争策略问题，并与相应的静态分析结论进行对比，是未来的一个重要研究方向。

③ 在实证分析方面，本书对双边平台拓展用户基础的策略分析是

建立在数学模型推导结果的基础上，并通过电子商务网络购物平台中的实践案例分析对之前理论研究所得的相关结论进行了验证。但是，由于对具体双边平台产业的相关数据和资料的收集难度较大，本书没有利用实证分析的方法探讨所研究的问题。值得注意的是，进行实证研究，不仅能够验证通过数学建模以及推导所得相关结论的正确性，发现模型构建过程中可能忽略的其他影响因素，而且使所研究的问题更具有科学性和说服力。因此，收集相关数据结合实证分析工具进行定量的分析验证是未来值得关注的重要研究内容之一。

④ 电子商务网络购物平台市场相关规制政策的研究。作为一种新型业态，网络购物平台的迅猛发展已然引起广大企业家与研究学者的广泛关注。而与目前网络购物市场快速发展形成反差的是，规范其健康发展的相关政策制度较为缺乏，主要在于现在还没有相关对网络购物市场规制政策较为全面系统的分析研究。因而，基于双边市场理论，对网络购物市场的行为规范及相关监管政策的进一步深入分析与探讨显得尤为重要。这样有助于我国的政策制定者制定相关的产业规制政策，进而合理解决网络购物市场中出现的竞争和规制问题，能够更好地为当前网络购物平台产业的发展提供指导与帮助。

参考文献

[1] Rochet J, Tirole J. Platform competition in two-sided markets [J]. Journal of the European Economic Association, 2003, 1(4): 990-1029.

[2] Armstrong M. Competition in two-sided markets [J]. Rand Journal of Economics, 2006, 37(3): 668-691.

[3] Rochet J, Tirole J. Two-sided markets: a progress report [J]. Rand Journal of Economics, 2006, 37(3): 645-667.

[4] Hagiu A, Wright J. Multi-sided platforms [J]. International Journal of Industrial Organization, 2015(43): 162-174.

[5] Zhang K. Liu W Q. Price discrimination in two-sided markets [J]. SAJEMS NS, 2016, 19(1): 1-17.

[6]张小宁, 赵剑波. 新工业革命背景下的平台战略与创新——海尔平台战略案例研究[J]. 科学学与科学技术管理, 2015, 36(3): 77-86.

[7] Muzellec L, Ronteau S, Lambkin M. Two-sided internet platforms: a business model lifecycle perspective [J]. Industrial Marketing Management, 2015(45): 139-150.

[8] Wang Z. Price cap regulation in a two-sided market: intended and unintended consequences [J]. International Journal of Industrial Organization, 2016(45): 28-37.

[9] Frishammar J, Cenamor J, Hernell E, et al. Digital strategies for two-sided markets: a case study of shopping malls [J]. Decision Support

Systems, 2018(108): 34-44.

[10] Dizdar D, Moldovanu B, Szech N. The feedback effect in two-sided markets with bilateral investments[J]. Journal of Economic Theory, 2019(182): 106-142.

[11] 孙殿国. 大型零售商主导购物中心零售业态双边市场运行机理[J]. 河北经贸大学学报, 2015, 36(1): 102-106.

[12] 李明志, 谭丝竹, 刘启. 视频游戏产业中竞争平台定价策略[J]. 清华大学学报, 2012, 52(6): 859-863.

[13] Caillaud B, Jullien B. Chicken & egg: competition among intermediation service providers[J]. Rand Journal of Economics, 2003, 34(2): 309-328.

[14] Xu X K, Wang C. Matching service providers and customers in two-sided dynamic markets[J]. Ifac PapersonLine, 2015, 48(3): 2208-2213.

[15] Baxter W F. Bank interchange of transactional paper: legal and economic perspectives[J]. Journal of Law & Economics, 1983, 26(3): 541-588.

[16] 朱振中, 吕廷杰. 双边市场经济学研究的进展[J]. 经济问题探索, 2005(7): 125-129.

[17] 丁宏, 梁洪基. 互联网平台企业的竞争发展战略——基于双边市场理论[J]. 世界经济与政治论坛, 2014(4): 118-127.

[18] 冯华, 陈亚琦. 平台商业模式创新研究——基于互联网环境下的时空契合分析[J]. 中国工业经济, 2016(3): 99-113.

[19] 程贵孙, 黎倩. 软件保护对软件平台商双边定价策略的影响研究[J]. 中国管理科学, 2016, 24(9): 91-98.

[20] Castillo M, Dianat A. Truncation strategies in two-sided matching markets: theory and experiment[J]. Games and Economic Behavior, 2016(98): 180-196.

[21] Gold A, Hogendorn C. Tipping in two-sided markets with asymmetric platforms[J]. Economic Analysis and Policy, 2016(50): 85-90.

[22] Greiner T, Sahm M. How effective are advertising bans? On the demand for quality in two-sided media markets[J]. Information Economics and Policy, 2018(43): 48-60.

[23] Wang S Y, Chen H M, Wu D S. Regulating platform competition in two-sided markets under the O2O era[J]. International Journal of Production Economics, 2019(215): 131-143.

[24] 高良谋，张一进．平台理论的演进与启示[J]．中国科技论坛，2018(1)：123-131.

[25] 房林，龙雨，邹卫星．双边市场理论的起源、发展与局限[J]．哈尔滨商业大学学报，2015(4)：76-84.

[26] 李泉．双边市场价格理论及其产业应用研究：以软件产业为例[D]．上海：上海交通大学，2008.

[27] 司马红，程华．双边市场中的客户基础建立策略：关于日本电子货币产业的考察[J]．管理评论，2012，24(11)：37-43，69.

[28] 段文奇，柯玲芬．利用临界用户规模提升平台利润的定价策略[J]．管理科学学报，2019(12)：40-55.

[29] Roson R. Two-sided markets: a tentative survey[J]. Review of Network Economics, 2005, 4(2): 142-160.

[30] Wright J. The Determinants of optimal interchange fees in payment systems[J]. Journal of Industrial Economics, 2004, 52(1): 1-26.

[31] Armstrong M, Wright J. Two-sided markets, competitive bottlenecks and exclusive contracts[J]. Economic Theory, 2007, 32(2): 353-380.

[32] Rochet J, Tirole J. Defining two-sided markets[R]. IDEI University of Toulouse, 2004: 1-28.

[33] Evans D S. The antitrust economics of multi-sided platform

industries[J]. Yale Journal on Regulation, 2003, 20(2): 237-294.

[34] 傅联英, 骆品亮. 双边市场的定性判断与定量识别: 一个综述[J]. 产业经济评论, 2013, 12(2): 1-18.

[35] 王小芳, 纪汉霖. 双边市场的识别与界定: 争论及最新进展[J]. 产业经济评论, 2013, 12(3): 1-12.

[36] Luchetta G. Is the google platform a two-sided market? [J]. Journal of Competition Law & Economics, 2014, 10(1): 185-207.

[37] Filistrucchi L, Geradin D, Damme E V, et al. Identifying two-sided markets[J]. World Competition: Law & Economics Review, 2013, 36(1): 33-60.

[38] Filistrucchi L, Geradin D, Damme E V, et al. Market definition in two-sided markets: theory and practice[J]. Journal of Competition Law and Economics, 2014, 10(2): 293-339.

[39] 熊艳. 产业组织的双边市场理论——一个文献综述[J]. 中南财经政法大学学报, 2010(4): 49-54, 144.

[40] 程贵孙, 陈宏民, 孙武军. 双边市场视角下的平台企业行为研究[J]. 经济理论与经济管理, 2006(9): 55-60.

[41] 宣晓, 段文奇, 孔立佳. 双边平台主导性发展战略选择——架构升级还是服务创新[J]. 科学学研究, 2017(12): 1875-1885, 1920.

[42] 王节祥, 王雅敏, 贺锦江. 平台战略内核: 网络效应概念演进、测度方式与研究前沿[J]. 科技进步与对策, 2020(7): 152-160.

[43] Hagiu A, Wright J. Marketplace or reseller? [J]. Management Science, 2015, 61(1): 184-203.

[44] Li J. Is online media a two-sided market? [J]. Computer Law & Security Review, 2015, 31(1): 99-111.

[45] 卢远瞩, 张旭. 电视平台竞争: 从免费模式到付费模式[J]. 经济学(季刊), 2015, 14(2): 731-756.

[46] Rysman M. An empirical analysis of payment card usage[J]. Journal of

Industrial Economics, 2007, 55(1): 1-36.

[47] Tucker C, Zhang J. How does popularity information affect choices? A field experiment[J]. Management Science, 2011, 57(5): 828-842.

[48] Gil R, Crichton D R. Price discrimination and competition in two-sided markets: evidence from the Spanish local TV industry [R]. IESE Working Paper, 2011.

[49] 陈薪宇, 潘小军. 交叉网络外部性在证券交易所定价中的应用分析[J]. 上海管理科学, 2012, 34(1): 21-25.

[50] 丁宁. 基于双边市场理论的中国信用卡市场价格结构分析[J]. 宏观经济研究, 2014(6): 71-79.

[51] Roson R. Auctions in a two-sided network: the market for meal vouchers services[J]. Networks and Spatial Economics, 2005, 5(4): 339-350.

[52] Hagiu A. Two-sided platforms: pricing and social efficiency [R]. Research Institute of Economy, Trade and Industry (RIETI) Discussing Paper, 2004(4035).

[53] Roehet J, Tirole J. Two-sided markets: an overview [J]. Toulouse, 2010, 51(11): 233-260.

[54] Sönmez T. Manipulation via capacities in two-sided matching markets [J]. Journal of Economic Theory, 1997, 77(1): 197-204.

[55] Evans D S. Some empirical aspects of multi-sided platform industries [J]. Review of Network Economics, 2003, 2(3): 191-209.

[56] 胥莉, 陈宏民. 基于不同市场结构的银行卡组织绩效研究[J]. 管理工程学报, 2007, 21(3): 35-38, 43.

[57] 张凯. 双边市场中平台企业的非价格竞争策略研究[D]. 哈尔滨: 哈尔滨工业大学博士学位论文, 2010.

[58] Rochet J, Tirole J. Cooperation among competitors: some economics of payment card associations[J]. Rand Journal of Economics, 2002, 33

(4): 549-570.

[59] Schawartz M, Vincent D R. The no surcharge rule and card user rebates: vertical control by a payment network[J]. Review of Network Economics, 2006, 5(1): 72-102.

[60] 邹佳，郭立宏．基于两阶段价格博弈的双边平台两部收费研究[J]. 软科学，2016，30(12)：115-119.

[61] 刘赫，郇正林，郑嘉俐，等．多归属 P2P 网贷平台定价及盈利模式分析：一个两阶段动态博弈模型[J]. 系统工程理论与实践，2019(7)：1669-1679.

[62] Parker G, Van Alstyne M. Two-sided network effects: a theory of information product design[J]. Management Science, 2005, 51(10): 1494-1504.

[63] Hagiu A. Pricing and commitment by two-sided platforms[J]. Rand Journal of Economics, 2006, 37(3): 720-737.

[64] 戴菊贵，蒋天虹．基于双边市场理论的 P2P 平台定价研究[J]. 财经问题研究，2015(9)：52-57.

[65] 张凯，李华琛，刘维奇．双边市场中用户满意度与平台战略的选择[J]. 管理科学学报，2017(6)：42-63.

[66] Sun M, Tse E. When does the winner take all in two-sided market? [J]. Review of Network Economics, 2007, 6(1): 1-25.

[67] Bolt W, Tieman A F. On myopic equilibria in dynamic games with endogenous discounting[R]. IMF Working Paper, 2006.

[68] Cabral L. A dynamic theory of two-sided markets [R]. Working Paper, 2011.

[69] 段文奇，柯玲芳．基于用户规模的双边平台适应性动态定价策略研究[J]. 中国管理科学，2016，24(8)：79-87.

[70] Zhu F, Mitzenmacher M. The evolution of two-sided markets: a dynamic model[R]. Harvard Working Paper, 2008.

[71] 孙武军，陆璐. 交叉网络外部性与双边市场的倾斜式定价[J]. 中国经济问题，2013(6)：83-90.

[72] Hyrynsalmi S，Suominen A，Mäntymäki M. The influence of developer multi- homing on competition between software ecosystems[J]. Journal of Systems and Software，2016(111)：119-127.

[73] 张千帆，于晓娟，张亚军. 网络平台企业合作的定价机制研究——基于多归属情形[J]. 运筹与管理，2016，25(1)：231-237.

[74] Kim B C，Lee J J，Park H. Two-sided platform competition with multihoming agents：an empirical study on the daily deals market[J]. Information Economics and Policy，2017(41)：36-53.

[75] Caillaud B，Jullien B. Chicken and egg：competing matchmakers[R]. CEPR Discussion Paper，2001(2885).

[76] Armstrong M，Weight J. Two-sided markets with multi-homing and exclusive dealing[R]. IDEI Working Paper，2004.

[77] Gabszewicz J J，Wauthy X. Two-sided markets and price competition with multi- homing[R]. CORE Discussion Paper，2004(30).

[78] Reisinger M. Two-part tariff competition between two-sided platforms [J]. European Economic Review，2014，68(3)：168-180.

[79] Poolsombat R，Vernasca G. Partial multi-homing in two-sided markets [R]. University of York Working Paper，2006(10).

[80] 张凯，李向阳. 部分重叠业务的双边平台企业竞争模型[J]. 系统工程理论与实践，2010，30(6)：961-970.

[81] 纪汉霖. 用户部分多归属条件下的双边市场定价策略[J]. 系统工程理论与实践，2011，31(1)：75-83.

[82] Landsman V，Stremersch S. Multihoming in two-sided markets：an empirical inquiry in the video game console industry[J]. Journal of Marketing，2011，75(6)：39-54.

[83] Koh T K，Fichman M. Multihoming users' preferences for two-sided

exchange networks[J]. MIS Quarterly, 2014, 38(4): 977-996.

[84] Chang C W, Lin Y S. Ohta H. Optimal location in two-sided markets [J]. Economic Modelling, 2013(35): 743-750.

[85] 程贵孙, 陈宏民, 黎倩. 考虑消费者广告偏好差异的媒体平台竞争[J]. 系统管理学报, 2016, 25(6): 977-983, 992.

[86] Hagiu A. Two-sided platforms: product variety and pricing structures [J]. Journal of Economics & Management Strategy, 2009, 18(4): 1011-1043.

[87] Kim B C, Lee J, Park H. Dynamic platform competition in a two-sided market: evidence from the online daily deals promotion industry[J]. NET Institute Working Paper, 2013(12-04).

[88] 张凯. 存在水平差异化的多寡头双边平台企业竞争研究[J]. 运筹与管理, 2013, 22(2): 249-255.

[89] 纪汉霖, 王小芳. 平台差异化且用户部分多归属的双边市场竞争[J]. 系统工程理论与实践, 2014, 34(6): 1398-1406.

[90] Iansiti M, Zhu F. Dynamics of platform competition: exploring the role of installed base, platform quality, and consumer expectations[R]. HBS Working Paper, 2008(31).

[91] Galeotti A, Gonzalez J L. Platform intermediation in a market for differentiated products[J]. European Economic Review, 2009, 53(4): 417-428.

[92] 纪汉霖, 管锡展. 服务质量差异化条件下的双边市场定价策略研究[J]. 产业经济研究, 2007(1): 11-18.

[93] 万兴, 高觉民. 纵向差异化双边市场中平台策略[J]. 系统工程理论与实践, 2013, 33(4): 934-941.

[94] Evans D S. Economics of vertical restraints for multi-Sided platforms [J]. Competition Policy International, 2013, 9(1): 66-89.

[95] Gabszewicz J J, Wauthy X Y. Vertical product differentiation and two-

sided markets[J]. Economics Letters, 2014, 123(1): 58-61.

[96] T R Eisenmann, G Parker, M Alstyne. Opening platforms: when, how and why? [M]//Annabelle Gawer. Platforms, markets, and innovations. Cneltenham Edward Elgar Publishing, 2009.

[97] 黄文妍，段文奇．双边市场平台战略投资决策——技术创新导向型还是人工服务导向型[J]. 中国管理科学, 2015, 23(S1): 686-689.

[98] Anderson E G, Parker G, Tan B. Platform performance investment in the presence of network externalities [J]. Information Systems Research, 2014, 25(1): 152-172.

[99] Mantena R, Saha R. Co-opetition between differentiated platforms in two-sided markets [J]. Journal of Management Information Systems, 2012, 29(2): 109-139.

[100] Lin M, Li S, Whinston A B. Innovation and price competition in a two-sided market [J]. Journal of Management Information Systems, 2011, 28(2): 171-202.

[101] Lianos I, Motchenkova E. Market dominance and search quality in the search engine market[J]. Journal of Competition Law & Economics, 2013, 9(2): 419-455.

[102] Halaburda H, Yehezkel Y. Platform competition under asymmetric information [J]. American Economic Journal: Microeconomics, 2013, 5(3): 22-68.

[103] Liu Q, Serfes K. Price discrimination in two-sided markets [J]. Journal of Economics & Management Strategy, 2013, 22 (4): 768-786.

[104] Aloui C, Jebsi K. Optimal pricing of a two-sided monopoly platform with a one-sided congestion effect [J]. International Review of Economics, 2010, 57(4): 423-439.

[105] Vasconcelos H. Is exclusionary pricing anti competitive in two-sided markets? [J]. International Journal of Industrial Organization, 2015 (40): 1-10.

[106] Hagiu A, Hałaburda H. Information and two-sided platform profits[J]. International Journal of Industrial Organization, 2014(34): 25-35.

[107] 王镭, 李一军, 张凯. 基于双边市场理论的金融超市竞争定价策略研究[J]. 运筹与管理, 2014, 23(3): 157-162.

[108] Kodera T. Discriminatory pricing and spatial competition in two-sided media markets[J]. Journal of Economic Analysis & Policy, 2015, 15 (2): 891-926.

[109] Aloui C, Jebsi K. Platform optimal capacity sharing: willing to pay more does not guarantee a larger capacity share [J]. Economic Modelling, 2016(54): 276-288.

[110] Hagiu A, Spulber D. F. First-party content and coordination in two-sided markets[J]. Management Science, 2013, 59(4): 933-949.

[111]邹佳, 郭立宏. 基于不同用户信息水平的双边平台最优价格博弈时序研究[J]. 管理工程学报, 2017(3): 117-125.

[112]张凯, 董远山. 双边平台中用户运营成本与定价策略选择[J]. 管理工程学报, 2019(3): 153-161.

[113]李静, 张玉林. 考虑网络效应和业务拓展的平台定价策略研究[J]. 系统工程理论与实践, 2020(3): 593-604.

[114]周天一, 常维, 陈青祝. 平台竞争、排他性协议与竞争瓶颈[J]. 中国管理科学, 2019(10): 209-216.

[115] Wright J. Why payment card fees are biased against retailers [J]. Rand Journal of Economics, 2012, 43(4): 761-780.

[116] Harmath E, Kóczán G, Kováts S, et al. The role of the interchange fee in card payment systems [R]. MNB Occasional Papers, 2012 (96).

[117] Dietl H, Lang M, Lin P L. Advertising pricing models in media markets: Lump-sum versus per-consumer charges [J]. Information Economics and Policy, 2013, 25(4): 257-271.

[118] Ehrlich M, Greiner T. The role of online platforms for media markets—two-dimensional spatial competition in a two-sided market [J]. International Journal of Industrial Organization, 2013, 31(6): 723-737.

[119] 魏尉，梅姝娥，仲伟俊．用户分享行为对社交媒体平台收益的影响[J]．系统工程学报，2019(5)：621-631.

[120] Kotsogiannis C, Serfes K. Public goods and tax competition in a two-sided market[J]. Journal of Public Economic Theory, 2010, 12(2): 281-321.

[121] Rasch A, Wenzel T. Piracy in a two-sided software market [J]. Journal of Economic Behavior & Organization, 2013(88): 78-89.

[122] Alexander R, Tobias W. The impact of piracy on prominent and non-prominent software developers [J]. Telecommunications Policy, 2015, 39(8): 735-744.

[123] 耿阳，张玉林．考虑商户广告投资的网上交易平台定价[J]．系统工程理论与实践，2018(4)：910-919.

[124] 陈朋，熊励，杨璐．数字内容平台收费模式对消费者行为的影响研究[J]．管理工程学报，2018(3)：134-141.

[125] Economides N, Flyer F. Equilibrium structures for network coalition in markets good[J]. Annals of Economics and Statistics, 1998(49): 361-380.

[126] Oller R, Chioveanu I, Sandonis J, et al. ATM surcharges: effects on deployment and welfare [J]. The Journal of Industrial Economics, 2009, 57(3): 613-635.

[127] 李楠，伍世安．网络产业中互联互通策略的演化博弈分析[J].

经济经纬, 2013(6): 77-82.

[128] Doganoglu T, Wright J. Multi-homing and compatibility [J]. International Journal of Industrial Organization, 2006, 24(1): 45-67.

[129] 胥莉, 陈宏民, 潘小军. 消费者多方持有行为与厂商的兼容性选择: 基于双边市场理论的探讨[J]. 世界经济, 2006(12): 28-40.

[130] 纪汉霖, 王小芳. 双边市场视角下平台互联互通的研究[J]. 南方经济, 2007, 5(11): 72-82.

[131] 杨春德, 刘睿岚. 基于互联互通与用户多归属行为的平台定价与福利分析——以互联网即时聊天平台为例[J]. 技术经济, 2010, 29(10): 121-125.

[132] 董维刚, 许玉海, 孙佳. 产业间平台合作下的双边定价机制研究——基于对固有收益影响的分析[J]. 中国工业经济, 2011(7): 65-75.

[133] 董维刚, 许玉海, 浮红芬. 多归属情形下产业间平台合作的经济效应[J]. 运筹与管理, 2013(5): 209-216.

[134] Kim D. Equilibrium analysis of a two-sided market with multiple platform of monopoly provider[J]. International Telecommunications Policy Review, 2012, 19(3): 1-22.

[135] 李新义, 汪浩瀚. 双边市场横向兼并的定价及福利研究——以中国网络传媒业为例[J]. 财经研究, 2010, 36(1): 27-33.

[136] 谢运博, 陈宏民. 互联网平台型企业横向合并的模式研究[J]. 软科学, 2016, 30(9): 104-107.

[137] Huck S, Konrad K, Mueller W. Big fish eat small fish: on merger in stackelberg markets[J]. Economics Letters, 2001, 73(2): 213-217.

[138] Economides N, Salop S C. Competition and integration among complements and network market structure[J]. Journal of Industrial Economics, 1992, 40(1): 105-123.

[139] Nilsen Ø A, Sørgard L, Ulsaker S A. Upstream merger in a successive oligopoly: who pays the price? [J]. International Journal of Industrial Organization, 2016(48): 143-172.

[140] 程贵孙, 陈宏民, 孙武军. 具有网络外部性特征的企业兼并模式选择[J]. 中国管理科学, 2006, 14(5): 121-127.

[141] Economides N, Katsamakas E. Two-sided competition of proprietary vs. open source technology platforms and the implications for the software industry [J]. Management Science, 2006, 52 (7): 1057-1071.

[142] Derdenger T. Vertical integration and two-sided market pricing: evidence from the video game industry [R]. IDEI Working Paper, 2008.

[143] Lee R S. Vertical integration and exclusivity in platform and two-sided markets [J]. American Economic Review, 2013, 103 (7): 2960-3000.

[144] 朱振中, 吕廷杰. 具有负的双边网络外部性的媒体市场竞争研究[J]. 管理科学学报, 2007, 10(6): 13-23.

[145] 王小芳, 纪汉霖. 用户部分多归属条件下双边平台纵向一体化策略[J]. 系统工程, 2011, 29(3): 21-26.

[146] Anderson S, Gans J. What is different about media merger? [J]. Melbourne Review: A Journal of Business and Public Policy, 2006, 2 (2): 32-36.

[147] Chandra A, Wexler A C. Mergers in two-sided markets: an application to the Canadian newspaper industry [J]. Journal of Economics & Management Strategy, 2009, 18(4): 1045-1070.

[148] 程贵孙, 陈宏民, 孙武军. 双边市场下电视传媒平台兼并的福利效应分析[J]. 管理科学学报, 2009, 4(2): 9-18.

[149] Choi J P. Antitrust analysis of tying arrangements [R]. CESifo

Working Paper, 2004(1336).

[150] Eisenmann T R, Parker G, Alstyne V. Strategies for two sided markets[J]. Harvard Business Review, 2006, 84(10): 92-101.

[151] Evans D S. The antitrust economics of two-sided markets[J]. Yale Journal on Regulation, 2003, 20(2): 237-294.

[152] Tirole J. The analysis of tying cases: a primer[J]. Competition Policy International, 2005, 1(1): 1-25.

[153] Rochet J, Tirole J. Tying in two-sided markets and the honor all cards rule[J]. International Journal of Industrial Organization, 2008, 26(6): 1333-1347.

[154] Choi J P. Tying in two-sided markets with multi-homing[J]. Journal of Industrial Economics, 2010, 58(3): 607-626.

[155] Amelio A, Jullien B. Tying and freebies in two-sided markets[J]. International Journal of Industrial Organization, 2012, 30(5): 436-446.

[156] 张凯，李向阳．双边市场中平台企业搭售行为分析[J]．中国管理科学，2010，18(3)：117-124.

[157] Chao Y, Derdenger T. Mixed bundling in two-sided markets: theory and evidence[J]. Management Science, 2013, 59(8): 1906-1926.

[158] Shim S, Kwak J. Tying to foreclose in two-sided markets[J]. The B. E. Journal of Economic Analysis & Policy, 2015, 15(4): 1919-1937.

[159] 闫红蕾，赵胜民．沪港通能否促进A股与香港股票市场一体化[J]．中国管理科学，2016，24(11)：1-10.

[160] 冯永琦，段晓航．“沪港通”对沪港股市联动效应的影响[J]．经济体制改革，2016(2)：143-147.

[161] 曲创，朱兴珍．垄断势力的行政获取与高额利润的市场获得——对银联身份变迁的双边市场解读[J]．产业经济研究，2015(1)：

101-110.

[162]范如国．企业并购理论[M]．武汉：武汉大学出版社，2004.

[163] 翁轶丛，陈宏民，倪苏云．基于网络外部性的企业横向兼并研究[J]．系统工程学报，2003，18(2)：109-114.

[164] Fiocco R. The strategic value of partial vertical integration [J]. European Economic Review, 2016(89): 284-302.

[165] Burguet B, Caminal R, Ellman M. In Google we trust? [J]. International Journal of Industrial Organization, 2015(39): 44-55.

[166] 田晓丽．纵向兼并劣于技术许可吗？[J]．管理科学学报，2016，19(8)：32-42.

[167] 曲振涛，周正，周方召．网络外部性下的电子商务平台竞争与规制——基于双边市场理论的研究[J]．中国工业经济，2010(4)：120-129.

[168] Katz M L, Shapiro C. Network externalities, competition, and compatibility [J]. American Economic Review, 1985, 75(3): 424-440.

[169] Jullien B. Two-sided markets and electronic intermediaries [J]. CESifo Economic Studies, 2005, 51(2-3): 233-260.

[170] Adams W J, Yellen J. Commodity bundling and the burden of monopoly [J]. Quarterly Journal of Economics, 1976, 90(3): 475-498.

[171] Egli A. On stability in competition: tying and horizontal product differentiation [J]. Review of Industrial Organization, 2007, 30(1): 29-38.

[172] 陶娜，张胜．基于间接网络效应的最优纯捆绑定价策略[J]．系统工程，2014，32(5)：128-132.

[173] Whinston M. Tying, foreclosure, and exclusion [J]. American Economic Association, 1990, 80(4): 837-859.

[174] 中华人民共和国商务部.2019年中国电子商务报告[R/OL]. http://dzsws. mofcom. gov. cn/article/ztxx/ndbg/.

[175] 王萌，郭迅华，陈国青，等. 在线关系对中小网商绩效影响的实证分析[J]. 中国管理科学，2016，24(10)：156-163.

[176] 霍春辉，张京心. 基于云技术的电子商务发展模式解析——对国内外典型企业的比较研究[J]. 经济问题，2014(12)：68-73.

[177] 陈芳，张宇萌. 双边市场视角下电子商务 C to C 平台定价策略[J]. 经营与管理，2013(9)：103-106.

[178] 车雯雯. 网络购物 C2C 平台盈利影响因素研究——基于垄断平台收取交易费的视角[J]. 科学技术与工程，2010(2)：586-590.

[179] 邱晗光，陈久梅.B2C 在线零售商电子商务平台开放策略研究[J]. 科技管理研究，2013(7)：181-184.

[180] 电子商务研究中心.2015年中国网络零售市场数据监测报告[R/OL]. www. 100ec. cn/zt/2015ndwlls/.

[181] 陈威如，余卓轩. 平台战略[M]. 北京：中信出版社，2013.

[182] 马汉武，刘兴祥.B2C 平台的价格结构及其收益的比较研究[J]. 中国管理科学，2013，21(S2)：513-518.

[183] 曹俊浩，陈宏民，胥莉. 基于网络外部性的电子商务企业纵向差异垄断定价策略[J]. 上海交通大学学报，2008，42(9)：1557-1560.

[184] 周文辉，邱韵瑾，金可可，等. 电商平台与双边市场价值共创对网络效应的作用机制——基于淘宝网案例分析[J]. 软科学，2015，29(4)：83-89.

[185] Zhang G Q, Shang J, Yildirim P. Optimal pricing for group buying with network effects[J]. Omega, 2016(63): 69-82.

[186] 陈云，王浣尘，沈惠璋. 电子商务零售商与传统零售商的价格竞争研究[J]. 系统工程理论与实践，2006，26(1)：35-41.

[187] 夏德建，王勇. 不同交易收费类型组合的电商平台双边定价及影

响研究[J]. 软科学，2018(7)：118-121.

[188] 张谦，陈青祝，陈一飞. "免费"商业模式下电商平台排他性行为研究[J]. 财经研究，2019(6)：141-152.

[189] 金虹，林晓伟. 我国跨境电子商务的发展模式与策略建议[J]. 宏观经济研究，2015(9)：40-49.

[190] 赵宏霞，王新海，周宝刚. B2C 网络购物中在线互动及临场感与消费者信任研究[J]. 管理评论，2015，27(2)：43-54.

[191] 张洁，赵英，余红. B2C 电子商务网站用户体验评价研究[J]. 情报科学，2013，31(12)：84-89，94.

[192] Brynjolfsson E, Smith M D. Frictionless commerce? A comparison of internet and conventional retailers[J]. Management Science, 2000, 46(4): 563-585.